흐르는 강물에 은빛 되어 춤을 추고

무엇과도 바꿀 수 없는 우리의 삶

추천사

'한 번 사는 인생'이란 말이 있습니다. 이는 우리에게 주어진 시간은 되돌리지 못하니 '한 번만 사는 인생' 제대로 살라는 말로 들립니다. 하지만 묘합니다. 자신이 어떻게 살아왔는지 고심하며 글을 쓸 때 우리는 지나간 시간을 되돌리는 경험을 할 수 있습니다. 다시 돌아온 그 시간을 붙잡고 들여다보면 예전엔 미처 몰랐던 내 마음을 새삼 알아차리게 되고, 과거엔 마냥 고생스럽게만 느껴졌던 일도 많은 배움을 주었던 일로 새로이 해석할 수 있게 됩니다. 무엇보다 온갖 일이 벌어졌던 그 기나긴 시간을 잘 견뎌준 스스로가 달리 보이고, 대견하게 느껴집니다. 글을 쓰기 전에는 그저 그렇던 '한 번의 삶'이, 글을 쓰고 나면 그 무엇과도 바꿀 수 없는 '단 하나의 삶'으로 발견되는 것이지요. '한 번 사는 인생'이란 말은 어쩌면 유일하고 고유한 '한 사람의 삶'이란 의미가 담긴 말인지도 모르겠습니다.
　이 책은 스물여섯 사람 각자의 목소리가 각각 '단 하나의 삶'일 수밖에 없다는 진실을 전합니다. 다른 누구도 아닌 자기 자신의 목소리로 쓰인 이 글들이 독자에게 다가갈 때, 독자 역시도 자신의 삶을 꾸리며 나아가는 일은 다른 누가 대신하는 게 아니라 자기 자신이 해야만 하고 또한, 할 수 있다고 깨닫게 될 것입니다. 우리가 사는 세상의 숨은 이렇게 한 사람, 한 사람의 생기로 이어질 수 있다는 것을요.

양경언
문학평론가, 조선대학교 문예창작학과 교수

삶에서 가장 소중한 추억

"인간의 가장 큰 부는 만족스러운 마음으로
조금이라도 살아가는 것입니다.
작은 것은 결코 부족하지 않기 때문입니다."
"Man's greatest wealth is to live on a little with
contented mind;
for little is never lacking."
- 루크레티우스(Lucretius) 로마 시대의 시인

유엔 산하 자문기구인 지속가능발전해법네트워크가 발표한 <2023 세계행복보고서>의 국가별 행복지수를 보면 우리나라는 57위에 불과합니다. 다행히 지난 조사에 비해 소폭 상승했지만, 경제규모에 비해 행복지수가 높지 않은 이유는 진정으로 소중한 것을 잊고 사는 것 아닐까 생각합니다. 광주광역시 동구에 있었던 경양방죽의 옛 사진을 본 적이 있습니다. 호수 위에서 작은 배를 타고 유람하는 모습이 얼마나 멋있고 여유로워 보였는지 모릅니다. 지금은 건물 숲으로 변해버린 호수를 안타까워하며 골목 사이를 걸어본 적도 있습니다. 어쩌면 <동구 어르신 생애 출판사업>에 글을 쓰신 어르신들께서도 열심히 바쁘게 살아오느라 잠시 잊고 있었던 삶에서 가장 소중한 기억을 꺼내 주신 것 아닌가 생각합니다. 사람이 사람답게 사는 의미를 추억하게 하고, 소중한 기억을 함께 나누어 주셔서 감사드립니다. 부족한 저희 제자들이 그린 그림이 어르신들의 소중한 기억과 마음을 전하는 데 작은 도움이 되었으면 좋겠습니다. 거듭 <동구 어르신 생애 출판사업>을 기획하신 광주광역시 동구청 관계자 여러분과 용기 있게 펜을 드신 어르신 그리고 참여하신 모든 분들께 뜨거운 박수를 보냅니다.

황중환

조선대학교 미술체육대학 만화애니메이션학과 교수(만화가)

차례

추천사 • 4

홍순자 이야기 • 11

박빛나리 이야기 • 35

손현자 이야기 • 73

최현식 이야기 • 99

이순만 이야기 • 133

 강춘남 이야기 • 169

정인규 이야기 • 195

 양해철 이야기 • 235

정해자 이야기 • 261

글쓰기 멘토 후기 • 286

홍순자 洪順子 이야기

전남 나주군 봉황면 죽석리에서
1946년 10월 10일 태어났다.

서예가였던 남편, 故 학정 이돈흥
선생님의 유지를 받들어 학정
서예원을 운영하고 있다. 나의 호는
난원이다.

가족에게 보내는 한마디

아버지 가시고 너희들이 열심히 살아줘서 하루하루가 기적 같구나.

내 인생의 키워드

기다림

나의 어머니

나의 어린 시절 기억은 어머니로부터 시작한다. 우리 어머니의 인생 여정은 '혼불'의 청암 마님이나 '토지'의 최참판댁 마님보다도 더 리얼하다. 내가 '검둥이의 설움'('톰 아저씨의 오두막'이 처음 번역되어 나왔을 때의 제목)을 쓴 스토우 부인이나 '바람과 함께 사라지다'를 쓴 마가렛 미첼 여사였다면 굽이굽이마다 숨 막히는 세월을 글로 써냈을 것이다. 어머니의 삶을 눈으로 보고 이야기로 듣고 피부로 느끼는 동안 나는 어리고 철이 없었다.

우리 집에는 떼과부가 살았다. 증조모님은 서른 살에, 어머니는 스물여섯 살에, 숙모님은 스물다섯 살에, 계모 할머니는 서른 살에 남편을 잃었다. 나는 그 현장에서 네 과부의 삶을 생생히 보았다. 집안에는 연이은 죽음으로 인한 긴장감이 도사리고 있었다.

나의 친할머니는 마흔넷, 어머니가 오빠를 낳던 해 돌아가시고 할아버지께서는 얼마 지나지 않아 30살이나 어린 열일곱의 계모 할머니를 맞이하셨다. 일제강점기였기 때문에 계모 할머니는 일본 정신대에 끌려가지 않기 위해서 외할머니 밑에서 자라셨다. 점점 자라는 계모 할머니를 키우기는 어려워지고 그렇지만 정신대에는 절대 보낼 수 없어 우리 할아버지께 논 다섯 마지기를 받고 시집을 오게 된 것이다. 논 한 마지기는 200평인데 우리는 일곱 마지기가 붙어 있는 논을 가지고 있었다. 그런데 할아버지는 어린 아내를 두고도 건너 동네에 사는 일본 여자와 바람을 피웠다.

언젠가 그 일본 여자를 본 적이 있는데, '나비 부인'에 나올 법한 환하고 깨끗한 피부를 가진 사람이었다. '나비 부인'의 상황과는 반대로 남편이 일본 여자에게 가버렸으니 계모 할머니는 마음이 아팠을 것이다. 그런데 나중에 어머니께 들으니, 오히려 계모 할머니는 나의 아버지와 맞는 연배여서 공교롭게도 아들 되는 사람을 연모하셨다고 한다. 아버지는 자기 아버지가 돌봐주지 않는 계모를 차마 외면하지 못하고 안타까운 마음에 잘해주셨다고 한다.

우리 아버지는 굉장히 깨어 있는 분이었기 때문에 자식 교육에 힘써야 한다며 열심히 일하셨다. 타지에 있는 금융조합에 다니시는 아버지 대신 어머니가 어린 시어머니를 모시고, 농사를 지었다. 시어머니뿐만이 아니었다. 과부인 증조할머니도 계셨기에 시조모도 함께 모셔야 했다. 그리고 어머니의 자식까지 가르치며, 많은 것을 책임져야만 하는 삶이었다. 볼 꼴 못 볼 꼴 다 보는 궁중 여인들의 삶과 다름없었다. 정조의 어머니인 혜경궁 홍씨처럼 전전긍긍하며 살아야 했다.

얼마 안 가 아버지는 결핵 판정을 받으셨다. 당시 결핵은 불치병이어서 아버지는 집으로 돌아와 2년 동안 어머니의 수발 아래 투병하다 돌아가셨다. 내가 세 살

때의 일이었다. 3년 뒤에는 공직에 계시던 작은아버지도 결핵에 걸려 돌아가시게 되고 작은어머니도 과부가 되었다. 이렇게 떼과부가 되었어도 우리 가족은 열 식구가 넘는 대가족이었다. 우리 어머니도 어렸지만, 맏며느리이고 또 시모보다는 나이가 많다는 이유로 모든 집안 살림을 했다. 할아버지의 손님도 어머니가 다 맞이하고, 할아버지가 외출하실 때는 손수 지은 두루마기나 양복을 입혀드렸다. 바느질 솜씨가 워낙 뛰어나니 할아버지도 어머니가 지으신 두루마기를 입고 외출하시는 것을 좋아하셨다. 그러나 며느리 둘이 모두 청상과부가 된 할아버지의 심정은 어땠을까. 맏며느리가 자신보다 어린 시모를 계속 보살피는 것은 미안했던 모양이다. 할아버지는 결국 영산포에 집을 사서 계모 할머니와 분가하셨다.

 어머니는 집안이 좋아 트럭 두 대를 모두 채워 시집을 오셨다. 그 시절 구하기 힘든 장롱, 화장대 등을 가져왔는데 할아버지가 분가하실 때, 그것을 전부 계모 할머니가 가지고 가셨다. 오빠를 영산포로 함께 데려갔는데, 살림을 가져간 명분을 세우기 위해 그것들을 팔아 오빠를 공부시킨다고 하셨다. 실제로 오빠가 나주국민학교에 다닐 수 있게 되어서 어머니는 아무 말도 하지 못했다.

 주일마다 나를 데리러 온 할아버지와 함께 자전거를 타고 영산포에 다녀오곤 했다. 할아버지는 어린 나를 앞에 태우기 위해 안장 앞쪽에 솜 방석을 깔고 나를 꽉 안은 채로 페달을 밟았다. 원래부터 입이 짧았던 나는 할아버지 댁에 가서도 잘 먹지 않았다. 그 때문에 내 몫은 할아버지 댁에 세 들어 사는 할머니가 얻어 가셨다. 그분은 연신 "안 먹으면 고맙지요"하고 내게 인사하셨다.

    분가 사 년 후에 할아버지께서 위암으로 세상을 뜨셨다. 그때부턴 정말로 '여인 천하'에 나올 법한 떼과부의 집이 되었다. 열일곱 때 시집온 계모 할머니와 십 년 정도 사신 후였다. 할아버지께서 아파 누워 계셨을 때 나는 열 살쯤이었다. 집안이 어수선하던 어느 날, 모르는 사람들이 우리 집을 들락거렸다. 무슨 일인지 어머니께 여쭈어 보니, 할아버지가 아프셔서 굿을 한다고 말씀하셨다. 어머니와 작은어머니, 숙모님, 계모 할머니는 굿 준비 때문에 정신이 없으셔서, 내가 심부름을 하게 되었다. 할아버지께서 사셨던 영산포에 짐을 가지러 다녀와야 했는데, 할아버지 자전거를 타고 가는 게 전부라 혼자 가는 건 두려웠다. 그래도 할아버지가 일어나시면 좋겠다는 절박한 심정으로 길을 나섰다. 할아버지는 아버지와 작은아버지가 모두 돌아가시고 우리 집 마지막 등불이었다. 산모퉁이를 돌 때마다 무서웠지만, 할아버지를 생각하며 견뎠다.

    그런 노력에도 불구하고 결국 할아버지의 오일장을 치렀다. 혹독하게 추운 겨울이었다. 초상만 나면 찾아와 5일 내내 밥만 먹고 가는 가난한 사람들은 이번에도

빠지지 않았다. 그 장면이 내 머릿속에 생생하게 남아있다. 증조할머니는 자신의 장례식에 대비해 미리 상여와 상복을 다 마련해 놓았는데, 결국 아들과 손자를 먼저 보내게 되었다. 눈이 내리던 날, 하얀 상복을 입고, 흰 상여를 끌고 가던 행렬……. 집안의 남자들이 모두 죽고, 어머니께는 정말 그야말로 질곡의 시대가 도래했다.

시할머니를 모시고, 시어머니를 돌보고, 동서와 함께 살아야 했던 어머니. 청상과부가 되어 죄인처럼 숨죽이고 사신 어머니는 음식에 까다로운 증조할머니 때문에 밥상을 차리면서도 노심초사하셨다. 어머니가 유난히 집장과 술을 잘 담그셨던 것은 그 때문이 아닐까. 나는 74살에 남편을 잃고 난 후에야 어머니의 마음을 티끌만큼이나마 헤아릴 수 있었다. 헌신과 사랑만이 가득한 그 마음을.

정이 넘치는 세상

내가 전남 여중에 입학했을 때, 어머니는 아버지의 세루치마로 교복을 만들어주셨다. 어머니의 염원대로 나는 좋은 환경에서 교육받을 수 있었다. 내가 학교에 다니도록 기꺼이 머물기를 허락해주셨던 '장춘당한약국' 약사 할아버지는 우리나라 광주·전남의 첫 번째 약사였다. 슬하에 딸 넷, 아들 셋으로 총 칠 남매를 두셨다. 그중

맏딸은 이북에서 교육자였는데 6·25가 일어나고 피난을 오는 길에 과부가 되고 말았다. 손녀 셋은 아빠를 잃었다. 약사 할아버지의 아내는 자기 딸 처지를 떠올리며, "네 어머니 심정을 알겠다"라고 나를 맡아주시기로 했다.

약사 할아버지와 할머니는 딸들이 있는 창평에서 지냈고, 겨울에만 내려오셨다. 나는 할아버지의 막내아들과 둘이 살았다. 이름은 종민이었는데 그는 나보다 두 살이 많았고 광주고등학교에 다녔다. 나는 그를 삼촌처럼 생각하며 아재라 불렀다. 종민아재와 나는 남이지만 피붙이처럼 잘 지냈다. 약사 할아버지가 감을 잔뜩 보내주시면 함께 홍시를 만들어 먹으며 즐거운 겨울을 보냈다. 방학 때면 약사 할아버지는 우리를 창평으로 부르셨고, 나는 약사 할아버지의 가족과 함께 화목하게 지냈다.

약사 할아버지는 내가 자기 집을 마치 내 집인 양, 친구를 데리고 와도 꾸중 한 번 하지 않으셨다. 그러니 약사 할아버지 댁은 그때 나와 친구들의 아지트였다. 어머니는 나를 맡아주신 것이 감사해 약사 할아버지 댁으로 이것저것을 보내주셨다. 어머니가 고구마를 한 가마니 보내면 할머니는 친구들도 같이 먹으라며 쪄주셨다. 그렇게 다정하신 두 분이었다.

내가 전남여고에 다니던 때였다. 가까운 상업고등학교에서 남학생들이 기둥 뒤에 서 있다가 여학생들이 나오면 편지를 건네는 일이 더러 있었다.

전남여고에서는 상고 남학생은 상대하지 않았는데 말이다.

　어느 날, 나도 그 편지를 받게 됐다. 편지를 준 남학생과 사귀는 것도 아니었는데, 학교에서는 어머니를 모셔 오라고 했다. 고지식한 어머니가 알면 분명 큰일이 날 터였다. 다행히 나에게 이모뻘인 약사 할아버지의 따님과 함께 남학생을 만나 "이제 편지를 보내지 말라"고 단단히 일러 일을 마무리할 수 있었다.

　약사 할아버지는 내게 항상 "너라면 뭐든 해낼 수 있을 것이다"라고 말씀해주셨다. 또 본가는 시골이니, 기숙사가 있는 간호대에 들어가라고 권유해주셨고, 나는 그에 따랐다. 보통은 대학에 진학하지 않는 경우가 많았다. 대학을 나오지 않아도, 전남여고 출신이면 좋은 신붓감이라는 인식이 만연했기 때문이었다. 그래도 이화여자대학교와 전남대학교로 진학한 친구들도 더러 있었고, 그중에선 간호대를 가장 많이 가는 시대였다.

　가족과 사회를 위해 헌신하며 살아온 친구들은 이제 몇 명 남지 않았다. 나와 살을 맞대고 학창 시절을 함께 보냈던 친구들이 아주 그립다. 또 나를 기꺼이 맡아주셨던 약사 할아버지와 할머니, 종민 아재도. 모두가 합심해서 남의 자식, 내 자식 가리지 않고 보듬어주는 세상에서 참 많은 복을 누렸다는 생각이 든다. 지금의 사회는 그때와는 확연히 달라진 것 같아 씁쓸하다.

전방에서의 신혼 생활

나와 남편은 우여곡절 끝에 결혼했다. 우리는 열렬히 사랑했지만, 부모님의 반대가 심했다. 남편은 친어머니가 일찍 돌아가셔서 계모를 모시고 살았다. 게다가 팔남매라서 형님과 동생이 줄줄이 있으니, 시아버지는 남편이 군인이 되어 장기 복무를 하길 원했다. 내가 병원에서 간호사로 일하고 있으니, 남편을 먹여 살리겠다고 시아버지에게 애걸복걸했으나 소용이 없었다.

또 결혼하려면 성당에 다녀야 한다기에 열심히 다녔건만, 시아버지는 신부님께 내가 성에 차지 않았는지 세례를 주지 말라고 하셨다. 신부님은 이렇게 결혼하고 싶어 하는데 세례는 주지 않아도, 결혼은 시켜주자고 시아버지를 설득했다. 덕분에 무사히 식을 올릴 수 있게 되었다. 신부님은 결혼 기념으로 밥그릇 두 개를 선물로 주셨다. 우린 그 그릇을 오래 간직했다.

그러나 신혼여행은 꿈꿀 수도 없었다. 남편의 부대 복귀가 있었기 때문이다. 결혼식을 올리고, 시댁과 친정에 들르니 휴가 5일이 금세 끝났다.

4월 22일, 소대장이었던 남편을 위해 소대원 40명이 환영하며 들꽃으로 만든 꽃다발을 선물로 주었다. 심지어는 미리 우리가 구해놓은 집을 신혼 방이라고 꽃무늬로

홍순자

ⓒ 주연수

도배를 하고 군용 담요를 깔아 놓았다. 참 고마웠다. 우리는 그렇게 첫날밤을 보내게 되었다. 불도 들어오지 않고, 잠도 잘 오지 않는 최전방에서 살기란 쉬운 것이 아니었다. 처음에는 불 때는 방법도 몰라 무척이나 고생했다.

　비슷한 사유로 최전방에 사는 군인 가정이 총 일곱 집이었다. 경상도, 전라도, 강원도, 충청도……. 고향은 제각각이지만 함께 생활하며 정을 많이 나눴다. 앞에 우물이 있는 쪼끄마한 방 한 칸, 월세 1,500원을 내며 살았던 그때가 가장 행복했다. 강가에서 빨래하고, 멱을 감고, 물을 길어왔다. 밥만 해도 물은 며칠 가지 못해 동이 나곤 했다. 다들 젊고 기운이 좋아 먹는 양이 만만치 않았다.

　일곱 집의 식구가 함께 모여 김장 50포기를 한 날도 있었다. 남편의 친구들은 내 음식 솜씨를 칭찬하며 내가 한 김치가 가장 맛있다고 했다. 열악한 환경에서 부대낀 경험이 있었기에 이후에도 어디에서건 어려움 없이 살 수 있었다.

　전방에서의 생활이 삼 개월이 지났을 때, 나는 아기를 가졌고 가장 가까운 동두천의 성모병원에 다녔다. 좁은 방에 남편의 군 동기들이 와서 화투를 치고 즐겁게 지내던 때, 갑자기 진통이 시작되었다. 막상 남편은 근무 중이라 부대에 있었다. 하염없이 기다려야만 하는 상황이었으나,

나는 곧 도착할 남편과 배 속의 아기를 생각하며 잘 버텼다. 병원에 도착했을 때는 이미 자연분만하기엔 늦어, 제왕절개 했다. 세 명의 의사 선생님이 숨을 불어 넣어 살아난 소중한 아이였다. 나는 간호사였고, 남편은 장교였기에 마치 '무기여 잘 있거라'(어니스트 헤밍웨이의 소설, 미 육군에서 복무하는 남자와 영국인 간호사인 여자가 등장한다) 같았다. 친구들은 아내와 자식을 구사일생으로 살릴 수 있었던 남편의 복을 부러워했다.

어머니, 저는 결혼 못 했겠네요?

홍순자

나의 '가족 만들기'는 49년 전부터 시작됐다. 큰아들을 낳은 후에도 집안 사정이 어려워 남편은 둘째를 갖지 않겠다고 다짐했다. 이른 나이에 가장이 되어버린 남편은 어깨가 무거웠는지 단호했다. 어린 시절을 오빠와 함께 보냈던 나는 생각이 달랐고, 결국에 우리는 둘째를 보게 되었다. 어렵게 낳은 우리의 막내는 무려 17년의 기도 끝에 짝을 만났다.

2년 전 나의 짝은 하느님의 품으로 갔다. 둘째는 마흔다섯이 되어서야 짝을 주시더니 이제는 일흔넷인 나의 짝을 데려가셨다. 남편과 나는 각자 어머니와 아버지를 일찍 여의고 서로만은 잃지 않으려고 애를 썼다. 하나의

남편 학정 이돈흥 선생님과 함께

몸인 것처럼 한시도 떨어지지 않았다. 서예가였던 남편의 죽음 이후 그 전과는 다른 일상이 시작되었다. 서예원을 잘 부탁한다는 그의 유지를 받들기 위해 날마다 서예원으로 출퇴근한다. 가는 길에는 꼭 남동성당의 성모님을 만난다. 나는 성모님을 내 가족으로 받아들였다. 누군가에게는 그저 평범한 동상에 지나지 않겠지만, 내게는 그 이상의 의미다. 스물여섯에 짝을 잃은 나의 어머니, 스물셋에 짝을 잃은 숙모님, 마흔다섯에 짝을 잃은 친구, 지구상의 짝을 잃은 모든 어머니를 생각하면서 성모님께 간구를 드린다.

둘째의 마흔아홉 번째 생일날, 둘째를 낳으면서 있었던 일을 얘기해주었다. 임신중독증으로 예정일에 수술해야 했던 일, 수술비를 마련하기 위해 결혼반지와 ROTC 반지, 금목걸이까지 모두 팔아 얻은 둘째. 그날의 기억을 떠올리면 병원에 누워 의식이 돌아오지 않았을 때, 먼저 가신 친정어머니의 음성이 또렷하게 들리는 것 같다.

이 이야기를 하니 둘째의 짝이 "어머니, 저는 결혼 못 했겠네요?" 했다. 무슨 말인가 하니, 우리가 어려운 상황에 둘째를 낳지 못했다면 자신의 짝이 태어나지 못했을 거라는 뜻이었다. 그랬던 둘째 부부가 남편의 임종을 지켰다. 만남이 있으면 헤어짐도 있는 법. 가족이라고 해도 그 과정을 피할 수 없다. 아무래도 가족은 작별의 공동체인가보다(김혜순 시인도 이와 비슷한 말을 한 적이 있는 걸 보면 사람들의 생각은 크게 다르지 않은 것 같다).

기다림

　나의 어머니는 밀레의 '만종'처럼 부부가 함께 밭에 나가 일하는 것이 가장 부럽다고 누누이 말씀하셨다. 사람만 있으면 돈도 명예도 때가 되면 찾아온다고 말씀하시던 어머니에게선 철저한 고독이 느껴졌다. 황량한 밭에서 혼자 김을 맬 때, 어머니는 얼마나 큰 외로움에 몸부림치셨을까. 남편이 떠나고 난 후에야 이제야 깨닫는다. 7일간의 사랑이나, 한 달간의 사랑이나, 65년을 같이 해로한 사랑이나. 마지막에는 결국 기다림으로 끝난다는 것을. 나의 계산 없었던 사랑, 지고지순한 사랑.
　남편은 유독 첫째의 딸을 아꼈다. 얼마 전 손녀가 로펌에 들어갔다. 나의 기다림에 또 주렁주렁 열매가 맺었구나. "부르다가 내가 죽을 이름이여…" 김소월의 '초혼'을 인용하여 죽음 직전까지 손녀의 이름을 불렀던 할아버지! 나의 반려, 학정 선생님! 들으실 수만 있다면 '손녀를 위해 저승에서 플래카드라도 거실 건가요? 피자라도 몇 판 사실 건가요?' 이렇게 묻고 싶은 마음이 간절하다.

홍순자

손녀와 함께

인연

　'동구청 어르신 생애출판 사업' 문화행사에 참여했다. 신입생인 나는 나눠준 고깔모자를 쓰고 맨 뒤에 앉아서 손뼉 치고 노래를 불렀다. 60여 년을 해로했던 남편을 잃고 처음으로 유쾌하게 웃어 봤다.
　5,000원짜리 식권을 세 장 주기에 담양 콩물국수 집에 갔다. 콩물국수 8,000원, 막걸리 3,000원. 손가락으로 세어보니 둘을 주문하면, 4,000원이 남는다. 궁리 끝에 내 돈 2,000원을 보태 막걸리 두 병을 주문했다. 공짜나 다름없어 그랬을까? 똑같은 막걸리인데 유난히 맛이 좋았다. '남들은 막걸리를 술이라지만 내게는 밥이나 마찬가지다' 하는 시 '막걸리'를 지은 천상병 시인도 부럽지 않다. 이 순간만큼은 내가 세상에서 제일 행복하다고 느꼈다.
　식사를 마치고 식당을 나서려는데 식당 주인이 "할머니, 고깔모자 가져가세요"하고 말했다. 다 속이 있어서 거기에 둔 것이었다. "기념으로 두세요. 학정 선생 아내, 풍산 홍씨 홍순자가 이 순간, 여기 있었다고" 나는 그렇게 말하며 콩물국수 집을 나왔다.

　생애출판은 내게 기막힌 인연도 선물했다. 바로 정형외과 의사 하상호 선생님이시다. 같은 조원으로 만났는데, 첫 모임에서 자기소개를 나눈 우리는 어리둥절했다. 서로

홍순자

동구 인문학 축제에서

어디서 본 얼굴인 것 같았는데 확실치 않았다. 나중에 여쭤 보니 하 선생님이 생전의 남편과 형님, 동생 하는 사이였음을 알게 되었다. 게다가 선생님의 부인도 내가 이미 아는 사람이었다. 2020년 1월 1일, 남편이 암에 걸려 벼랑 끝으로 내몰렸을 때였다. 하 선생님의 아내는 처절하고 장엄하고 숭고했던, 남편의 마지막을 함께한 '대한요양원'의 원장이셨다. 남편 담당 종양내과의 선생님이기도 했다.

    준비되지 않은 죽음 앞에서는 누구나 속수무책이다. 남편은 절규하며 내게 매달렸다. 내가 자기를 버리면 고아가 된다며, 자기 손목에 내 코트 끈을 꽁꽁 묶었다. 어린애가 엄마에게 "장난감 사주지 않으면 집에 안 갈 거야" 하며 땅바닥에 주저앉아 떼를 쓰는 듯했다. 회한과 후회로 점철된, 그의 마지막 애정 표현이었다. 어찌할 바를 모르고 방황하는 우리에게 남편의 친구였던 한의사 선생님이 찾아와 남편의 속에 쌓인 나에 대한 마음을 풀 수 있도록 함께 계셔주었다.

    6월 9일, 생애출판 모임이 끝나고 하 선생님께 융숭한 점심 대접을 받았다. 그래서 나도 언젠가는 추어탕이라도 대접해야지 마음을 먹고 지내던 어느 날이었다. 6월 23일, 나는 "하 선생님, 우리 서예원이 도전 우수상도 받았어요. 또 한바탕 잔치를 베풀 거예요. 엊그제 작가 인증서 받으신 선생님은 축하 떡을 다섯 되나 했어요." 하고 자랑하며 오늘은 내가 점심을 대접하겠다고 말씀드렸다. 하 선생님과 나의 대화는 그 뒤로도 멈출 줄을 몰랐다. 안 듣는 것 같아도 다 들어준 글 짝꿍 민주 양이 예뻐 전일빌딩을 나서며 계란과 축하 떡도 몇 조각 나눠주었다.

 하 선생님과 추어탕 2인분에 막걸리 한 병으로 점심을 먹었다. 한 잔 따라놓고 한 핏줄의 누나 동생처럼 자식 이야기를 늘어놓았다. 스스럼없지만, 예의를 갖추고 나누는 이야기에 분위기는 점점 무르익었다. 그때, 종업원이 살며시 다가와 "김치과 원장님이 계산을 하셨네요"하고 말했다. 식당에 들어오며 마주친 하 선생님의 지인이셨다. 하 선생님은 "나는 운이 좋아, 여기저기서 얻어먹는 상거지"라고 겸손을 멈출 줄 모르셨다.

 반 잔 남은 막걸리가 아주 달았다. 또 하나의 인연에 정까지 더해져 나도 비로소 사람 사는 세상으로 돌아온 기분이었다. 어찌 오래전의 남편과 하 선생님에서 맺은 인연의 끈이 아니고서야 하느님께서 지금 이 자리를 허락하셨겠습니까?' 그런 생각을 속으로 삼켰다. 이런 기쁨을 내려주신 하느님께 감사드리며 나의 영원한 반려, 학정 선생님께 감사드린다.

아내 난원 홍순자

박빛나리 이야기

저는 전라남도 장성 고을에서 태어나
유년기와 청소년기를 그곳에서
보내고, 20대에 결혼생활을
시작하였습니다.

삼남매를 키우면서, 30~40대에
여러사업을 하였고, 50대에는
보육교사 자격을 취득해
어린이집에서 근무하였습니다.
어느덧 60대를 넘겨 나의 취미인
음식만들기를 통해 간간이 봉사도
하며 무등산 자락 아래 학동에서
즐겁게 살아가고 있습니다.

가족에게 보내는 한마디

사랑하는 내 아이들아, 건강·겸손·봉사·사랑 지키며 세상의 빛과 소금이 되었으면 한다. 그리고 손녀 혜원 데레사에게 2023년 6월 11일에 첫영성체를 모셨으니 오래도록 십계명 잘 지키며 건강하게 성장하길 기도한다. 언제일지 알 수는 없으나 주님께서 부르시는 날까지 우리 가족 모두 행복하자.

내 인생의 키워드

건강, 겸손, 봉사, 사랑

부모님

아버지께서는 여러 일을 하셨다. 담양의 죽세 공예품과 진도와 완도의 우뭇가사리를 가공한 한천을, 일본으로 수출길을 최초로 트셨다. 볏짚으로 만든 쌀가마니와 새끼줄을 농협에 납품하기도 하셨다. 사업으로 번 수익금으로 고향에 장학재단을 설립하시고, 그 후에 정계에 입문하셨다. 초대 도의회 위원장과 문교 사회 위원장을 맡는 등 그 누구보다 열정적으로 사셨다.

어머니께선 내조와 살림으로 몹시도 바쁘셨다. 면 소재지의 마을 이곳저곳을 다니며 아버지의 사업을 도우셨다. 유년의 나는 어머니가 가시는 곳마다 손을 잡고 따라다녔다. 죽순 껍질을 줍던 날이 눈에 선하다. 대나무 숲에서 모기에게 물린 날에는 온몸을 사정없이 긁으며 짜증을 냈다.

심부름

초등학교 5학년에서 6학년 정도 되었을까. 그 시절에는 남녀가 유별하여 심부름에 차등을 두는 것이 일반적이었지만, 부모님께서는 동등하게 일을 시키셨다. 하루는 아버지께서 20리 길을 걸어야 하는 심부름을

박빛나리

ⓒ 홍민석

시키셨다. 아버지는 시골 사람들에게 일을 맡기고 기한 내로 물건을 받아 납품하는 일을 하셨는데, 당시에는 전화가 없으니, 편지에 마감 기한을 적어 내 편에 보내셨다. 길 위에서 시간을 지체하면 안 되니 쉴 틈도 없이 부지런히 걸었다.

 눈보라 휘날리는 겨울, 내가 고등학교 1학년쯤 무렵이었던 것 같다. 아버지께서 장성 황룡장터에서 구한 송아지를 담양 농장에 끌어다 놓으라고 하셨다. 먼 거리를 걸어야 하는 데다 눈까지 와서 자신 없었지만, 한번 해 보자는 마음이 들었다. 나는 송아지 목에 둘러맨 새끼줄을 꽉 잡았다. 버스로 한 시간이면 가는 길을 송아지와 함께 걸으니, 몇 배로 힘들었다. 발은 눈 속에 푹푹 빠지고, 송아지는 가지 않겠다고 떼쓰며 주저앉고, 설상가상으로 빙판길에 미끄러졌다. 겨울철이라 해도 일찍 져 주변은 깜깜해졌고, 가족에게 연락할 방법도 없어 무서워졌다. 오전 10시쯤에 출발하여 담양 면 소재지까지 가는 데만 하루 종일 걸렸다. 종일 굶어 배도 고프고 눈 때문에 옷이 젖어 온몸이 꽁꽁 얼어 쓰러질 것 같았다. 어린 나였지만 지서(현, 지구대)가 보여 도움을 요청하러 들어갔다. 지서장님께서 사정을 듣고 방위병을 대동시켜 송아지를 몰도록 도움을 주셨다.

 불만이라고는 없었다. 그저 묵묵히 할 뿐이었다. 삶의

여러 시련을 참고 견디는 예행 연습을 통해 강하게
살아가라는 아버지의 마음이 느껴졌다.

합창부

중학생 때는 음악에 빠졌다. 부모님께서 작은 라디오를
사주셔서 나 혼자 유행가, 지금의 트로트를 듣고 불렀다.
노래도 곧잘 했다. 점심을 먹고 학생들이 꾸벅꾸벅 졸고
있을 때면 선생님께서 앞으로 나와 노래 한 곡 불러 달라고
요청하셨다.

중학교에는 방과 후에 운영하는 합창부가 있었다. 어느
날 동아리가 끝나고 조금 늦게 귀가했을 때 어머니께서
엄한 표정으로 서 계셨다. 나는 하교 후 바로 귀가해
어머니를 도와야 했기 때문이었다. 혼날 생각에 겁이 나
눈물이 흘렀다.

어머니께서는 내가 피리를 불며 남자아이들과 어울릴
것을 걱정하셔서 피리도 어머니 몰래 불었다. 피리를 들킨
날, 어머니는 그것을 두 동강 내셨다. 친구들과 맘 편히
놀지도 못 하게 하고 음악도 하지 못 하게 하시는 어머니가
원망스러웠다. 하지만 그런 마음도 잠시였다. 감정은
빠르게, 그리고 자연스레 옅어졌다. 원망이 다 사라졌을
때는 '부모님께 효도해야지' 다짐하며 더욱 열심히

집안일에 매진했다.

꽈배기

심부름한 돈을 조금씩 저금하다 보니 어느 날 1,000원쯤 모였다. 그 돈으로 꽈배기를 사서 학교에 갔다. 친구 네다섯 명과 나눠 먹을 생각이었는데 먹음직스럽게 꼬아진 밀가루 튀김을 보고 다른 친구들도 입맛을 다셨다. "나한테 팔아, 여기 백 원." "새치기하지 마. 내가 먼저야." 너도나도 100원씩 건네며 꽈배기를 사 갔다. 그렇게 모인 돈으로 다시 꽈배기 구매하기를 반복하며 2~3주 동안 교실에서 꽈배기 장사를 했다. 조금씩 불어난 돈으로 큰 암탉 세 마리를 샀다. 무척 즐겁고 뿌듯했다. 달걀을 팔아 염소도 샀다. 언젠가 염소가 크면 큰 황소로 바꿀 수 있을 거라는 꿈도 꿨다.

폭우

늘어나는 돈에 뿌듯해하고 있던 여름, 폭우가 집을 덮쳤다. 긴 장마철이었다. 비가 끊임없이 쏟아졌다. 방 안까지 온통 물바다였다. 60평 창고에 가득했던 닭들이 모두 물속에서 죽었다. 마당의 염소도 죽었다. 다리가 부러지고, 대못에 배를 찔려 죽었다. 정성으로 돌보았는데 잃는 것은 너무도 순식간이었다. 내 꿈도, 어린 마음에 품었던 희망도 허망한 현실 앞에 무너졌다.

   부엌과 아궁이에 물이 들어 밥도 지을 수 없었다. 호박 채 나물을 반찬 삼고, 호박 수제비를 반죽해 먹었다. 며칠 동안 밀가루 음식만 먹으니 고역이었다. 하지만 그것조차 먹지 못하는 친구들이 많았다. 나는 매번 가족의 몫보다 조금 더 끓여 친구를 불러 먹였다. 팅팅 불어 터진 수제비지만 친구는 좋아했다.

   우리 가족은 피해를 복구하기 위해 몇 달 내내 집을 청소했다. 눈이 흩날리는 11월이 되어서야 얼추 정리되었다.

박빛나리

일상생활

   일요일이면 20리 정도를 걸어 쑥을 뜯으러 갔다. 시냇가와 자갈밭의 쑥은 너무도 소담스러웠다. 쑥을 캐 큰 보자기에 담는 것이 내 임무였는데, 어찌나 지루한지 들꽃이나 꺾으며 이리저리 게으름 피우면 어머니께서는 부지런히 뜯어 빨리 집에 가자고 호통을 치셨다. 해가 어둑해질 무렵 집에 도착하면 배가 고파 축 늘어지기 일쑤였다. 캐 온 쑥을 3일 동안 다듬어 삶고 말려서 쑥밥을 지어 먹었는데 질리지도 않고 맛있었다. 그때의 맛과 향이 그리울 때면 쑥을 뜯어 코에 가져다 댄다.

　평일에는 장성에 있는 고등학교에 다녔다. 부모님께서는 학업을 계속하려면 집안 살림을 도와야 한다며 조건을 붙이셨다. 나는 꼭두새벽부터 일어나 살림을 돕고 밥 먹을 시간도 없이 설거지했다. 학교까지는 부리나케 뛰어도 40분이 걸렸다. 지각과 결석을 밥 먹듯이 했다. 전교에서 내 별명은 결석 대장이었다. 1년에 40일은 빠졌을 것이다. 그럴 때마다 담임 선생님께 죄송했다.

오디션

　고등학교 2학년 겨울에 가수 오디션에 참가했다. 복장은 검은 교복 바지에 흰 블라우스를 입고 나름 뽐내려고 흰 운동화를 신었다. 노래를 다 들은 작곡가가 이렇게 말했다.
　"너 학생이지? 졸업하고 와라."
　아쉬운 마음을 품고 오디션장을 떠났다. 얼마 후 어머니께서 이 사실을 아시고 "집안 망신을 주려 그러냐, 이러다 시집도 못 간다"라며 야단치셨다. 나는 가수의 꿈을 접을 수밖에 없었다. 그런데 결혼 후 어머니께서 하신 말씀을 떠올리면 가슴이 쓰라리다. 남편의 고집으로

고생하는 모습을 보시고 "차라리 음악의 길로 가도록 해줄
것을"하고 안쓰러워하며 후회하셨다.

노래에 관한 추억이 많다. 오빠랑 큰언니와 함께 KBS
전국노래자랑에 나갔고, 라디오 전화 연결로 노래를
부르기도 했다. 가끔 상품도 탔다. 재미가 쏠쏠했다.

결혼

스물다섯 무렵 동네 어르신께서 중매 혼을 제안하셨다.
부모님께서는 이제 결혼할 나이가 되었으니, 맞선을 보라고
하셨다. 서너 명의 사람과 만났지만, 한 청년에게 마음이
끌렸다. 그 청년이 바로 지금의 남편이다. 그는 서울에
있는 대학교를 졸업하고 사법고시를 준비하고 있었다.
고시생이었지만 곧 합격할 것 같았고 무엇보다 성실해
보였다. 1979년 4월의 마지막 날, 그와 결혼했다. 우리 집
마당에서 전통 혼례를 치렀다. 누구보다 화려한 식이었다.
결혼 후 가정에 무책임하던 남편의 태도를 모두 지켜본
지금은, 그저 부질없는 예식이었다는 생각이 든다.

결혼식이 끝나고 화순 능주에 신혼집 살림을
차렸다. 아버지와 큰언니, 작은언니가 요객으로 시댁에
데려다주셨다. 가는 길 내내 셋 모두 두 눈과 얼굴이
부어오르도록 울었다. 다시 돌아가는 길에 아버지께서는

또 얼마나 우셨을까. 살림만 시키다 시집 보낸 딸이 생각날 때마다 어머니는 점점 우울해지셨다고 전해 들었다. 그럴 때마다 내 이름을 부르셨다고. 몇 년 후 어머니는 치매에 걸리셨다. 시부모님께 허락받아 한 달에 두 번씩 친정에 다녀왔다. 다시 화순으로 돌아올 때는 늘 마음 한구석이 허전했다. 살림은 어디서나 고됐지만, 친정에는 따뜻한 온기가 있었다. 시댁은 그렇지 않았다. 가정 내 분위기나 마을 사람을 대하는 태도가 친정과는 상반됐다.

 시댁은 경제적으로 매우 부유했다. 그런데도 마을 사람들에게 밥 한 끼 대접하는 법이 없었다. 친정에서는 이웃들에게 재배한 채소를 나누어주거나 여러 음식을 만들어 돌리고는 했다. 반대로 시댁의 창고는 돈과 식량이 들어가면 나올 줄을 몰랐다. 시어머니의 언행도 나와 맞지 않았다. 시어머니는 앞뒤 생각 없이 무턱대고 말하는 분이었다. 막내 시누이도 똑같았다. 나와 나이 차이가 아홉 살이나 나는데도 반말을 했으며, 시어머니는 고무장갑도 없이 집안일을 하는데 나는 장갑을 낀다며 면박을 주었다. 그 사이 첫딸이 태어났다. 1년 정도 시댁 생활을 하다 남편과 함께 상경했다.

고군분투

　시아버지께서는 남편이 사업을 이어받기를 원하셨다. 큰 사업을 맡기 전 자그마하게 경험해 보라며 당시 돈 1,000만 원을 자금으로 주겠다고 하셨다. 남편은 서울에서 하고 싶은 일이 있다며 거절했다. 시아버지께서는 그렇다면 지원을 해줄 수가 없다며 "너희끼리 어디 한번 잘살아 보라"고 하셨다. 내쫓기듯 300만 원을 가지고 상경했다.

　어떻게든 살아야 했는데 남편은 돈 버는 일에 관심이 없었다. 큰언니가 왕십리에서 완구 제품 생산 공장을 운영하고 있어 사업을 도우러 그쪽으로 이사했다. 300만 원도 언니 공장에 투자했다. 제품이 전국으로 잘 팔려 공장은 매출이 꽤 괜찮았다. 그렇지만 세 식구가 함께 살기에 여전히 어려웠다. 어린 딸을 한 평도 되지 않는 열악한 곳에서 키워야 한다니 스스로가 한심했다.

　친정아버지께서 1,000만 원을 지원해주셔서 비닐 뽑는 기계를 샀다. 하지만 얼마 지나지 않아 유류 파동이 터져 사업을 접고 새로운 일을 알아보았다. 형부께 투자금을 다시 달라고 했더니, 겨우 250만 원만 주는데 별수 없었다. 종로구에 있는 보증금 200만 원, 월세 3만 원짜리 반지하로 이사했다.

　그해 둘째가 생겼다. 딸이었다. 시댁에서는 서운함을 여지없이 표출했다. 아들을 못 낳으면 상속받을 재산도 없을 줄 알라며 엄포를 놓았다. 막내 시누이도 우리를 무시했다. 둘째 오빠는 아들만 둘인데 큰오빠는 딸만 둘이라며 핀잔을 줬다. 나는 출산만은 마음대로 안 되는 것이라며 속으로 되뇌었다.

갖은 고생이 시작됐다. 남편은 광화문 인쇄소에서 일한다고 했지만, 달에 3만 원도 주지 않았다. 수입이 적어서 줄 돈이 없어 그런 것이라고 생각은 했으나, 나는 암울했다. 땡전 한 푼 없는 거지처럼 살았다. 친정에도 시댁에도 말을 할 수 없었다. 양가에 손을 벌리고 싶지 않았다. 겨우 끼니만 때우는 삶을 지속했다. 네다섯 살 된 아이들을 어린이집에 보낼 수도 없었다. 남편이 너무 한심했다. 서울에서 대학까지 나온 놈이 이런 꼴로 살다니. 시부모님도 "시부모 모시기 싫어 서울로 갔으니 알아서 잘 살아라"라고 냉랭하게 말씀하셨다. 그래도 시댁에서는 1년에 한 번, 40kg짜리 쌀 두 가마니를 보내주셨다. 그마저 없었으면 사계절 굶었을 것이다.

나는 부업거리를 찾아다녔다. 플라워 디자인이라는, 천으로 꽃을 만드는 일을 했다. 아이를 데리고 다니며 꽃을 만들어 꽃집에 조금씩 팔았다. 꽃집 사장에게 사줄 수 있냐고 물었을 때 냉랭한 답이 돌아오면 창피하기 그지없었다. 시간이 있으면 꽃 만드는 것을 정식으로 배워 꽃집을 해보고 싶었다. 형제들은 아무것도 없는 주제에 무슨 꽃꽂이를 배우려 하냐며 핀잔주었다. 곁에서 싫은

소리를 하니 배움을 계속할 수 없어 눈물만 흘렸다.

　돈이 없어 서러운 것은 비단 나뿐만이 아니었다. 마침, 새마을유아원이 아파트 단지 내에 생겨 아이 둘을 그곳에 맡겼다. 아이들이 집에서 별다른 말을 하지 않아 잘 지내고 있으리라 생각했다. 그런데 다른 학부모가 전해준 이야기는 충격적이었다. 담당 선생님이 우리 애를 다른 아이와 차별하고 심지어 손찌검도 했다는 것이었다. 화가 머리끝까지 치밀어 당장 새마을유아원으로 갔다. 전후 사정을 이야기하고 더는 못 보내겠다고 했더니 원장님과 따님 교사분이 대신 사과하며 앞으로 더욱 신경 써 돌보겠다고 하셨다. 그 후 처우가 많이 바뀌었다.

　광주로 이사한 후에도 문득 생각이 나 원장님께 인사드리고자 연락처를 수소문했지만, 끝내 알 수 없었다. 은혜를 진 일이 마음의 짐이 된다.

커버 세탁

　부업을 찾던 중 이웃 아주머니께서 새로운 일자리를 소개해주셨다. 택시나 자가용의 시트커버를 세탁하는 일이었다. 한 시트에 800원이니 하루 열 개면 벌이가 괜찮을 것 같았다. 종로 5가 동대문 상가를 소개받아 가 보았더니, 2~3일에 서너 벌을 주며 깨끗이 세탁해 오라고

박빛나리

했다. 시트를 보따리에 욱여넣어 머리에 이고 버스를 타고 귀가했다. 반 평도 안 되는 부엌에 쪼그리고 앉아 세탁했다. 땀과 오물이 찌들어 고약한 냄새가 났다. 기름때가 지워지지 않아 손으로 세게 문지르니 손바닥이 벗겨졌다. 하루에 한 벌(14조각) 빠는 것도 힘들었다. 설움이 복받쳤지만, 해내고야 말겠다는 결심이 섰다.

　모직 천이나 담요를 덧댄 커버는 말리는 것이 유독 힘들었다. 겨울에는 더욱 심했다. 천끼리 딱 달라붙어 손으로 일일이 펴서 널어야 했다. 커버를 반지하 방 가득히 겹겹이 펴 말리면 다 마를 때까지 냄새가 너무도 고약했다.

　그렇게 일곱 벌이 완성되면 커버 센터로 가져갔다. 그런데 주인 양반이 돈을 주지 않겠다며 거드름 피웠다. 성심성의껏 일해도 사람을 거지 취급했다. 세탁비를 월에 한 번씩 주었는데 그마저도 차일피일 미뤘다. 내일 오라, 모레 오라 헛걸음하게 하니 무척 속상했다. 어느 겨울이었다. 두 아이가 먹을 비빔밥을 해놓고 밖으로 나왔다. 이틀 후인 정월 보름에 사용할 팥을 삶으려고 아주 약한 연탄불에 찜솥을 얹어놓은 상태였다. 커버 센터 주인과 만나기로 한 날이라, 한 시간 반 정도 소요를 예상하고 나섰다. 잠시 기다리라는 말만 하고 사라진 뒤 5시간을 기다려도 연락이 없었다. 늦은 밤 집에 도착하니 아이들도, 커버도 모두 연기에 까맣게 그을려 있었다. 아이들은 창문을 다 열어젖히고 추위와 두려움에 떨며 울고 있었다. 우리는 서로 부둥켜안고 통곡했다.

　언니가 회사 일을 도와주라고 권유하여 두 아이를 데리고 갔다. 태릉선수촌 옆 공릉동의 스포츠용품을 제작·수출하는 무역 회사였다. 수입이 상당했고 일거리도 많았다. 언니는 아이들은 알아서 놀도록 두고 남편과 함께 일에 전념하라고 했다. 그렇게 하기로 약속하고 남편에게 말했더니, 처가 신세를 지고 싶지 않다며 거절했다. 몇 달만 일해 보고 그때 그만두라고 구슬렸다. 남편은 며칠 동안 망설이다 겨우 승낙했다. 직원이 약 스무 명 정도 되는 회사에서 전공 분야도 아닌 생산직에 제일 말단으로 들어가니, 하는 일은 심부름뿐이었다. 며칠 버티나 싶더니 끝내 그만두고 한심스럽게도 집에서 놀았다. 그러면서도 반찬 투정이 심했다. 나는 아이들 간식 한 번 제대로 사주지 못해 늘 미안한 마음뿐이었다. 100원짜리 새우깡 한 봉지면 둘이 하루 내내 아껴 먹곤 했다. 아이들은 과자 사달라는 말도 편하게 하지 못했다. 지금도 미안하기 그지없다. 어쩔 수 없이 다시 세탁 일을 했다. 그러다 집주인과 문제가 생겼다. 세탁하느라 수도 요금이 많이 나오니 자기 집 수도세까지 같이 내라고 한 것이었다. 방을 뺄 수는 없는 노릇이니 울며 겨자 먹기로 그렇게 하겠다고 했다.

　그러다 둘째 언니가 자신이 운영하는 목욕탕에서 때밀이를 한 번 해 보지 않겠느냐고 했다. 나는 카운터를 맡고 싶었지만, 형제인데도 나를 못 믿어 맡기고 싶지

박빛나리

않았던 모양이었다. 매일 새벽 6시까지 출근했다. 새벽 4시에 일어나 아이 한 명을 등에 업고, 한 명은 품에 안고 2.5km의 눈길을 걸으면 버스 정류장이 나왔다. 아이들도 어찌나 피곤했는지 업혀 가는 동안 잠에서 깨지도 않았다. 새벽 일찍 출발해도 날마다 30분씩 지각했다. 언니는 사정을 봐주지 않고 핀잔했다.

일터에서도 이리저리 시달렸다. 아이들에게 사물함 근처에서 놀라고 하면 조금 놀다 출입문 밖으로 나가려고 빼꼼 내다보았다. 심심할 때는 문을 두들기며 울었다. 때를 미는 것도 생전 처음이었다. 어떤 손님은 왜 이리 힘이 없냐며 면박을 주었고, 어떤 이는 너무 세게 밀어 상처가 났다며 약값을 요구했다. 언니는 못 하겠으면 그만두라고 냉정하게 말했다. 일하느라 식사 시간을 놓쳐 뒤늦게 언니에게 가면 팅팅 불어 터진 물밥에 무김치 하나를 내어주었다. 친언니인데도 너무 얄미웠다. 저렇게까지 인색할 수 있나 싶었다. 조카에게도 인정사정없었다. 과자 몇 개 던져주고 먼지 쌓인 곳에서 놀도록 방치했다.

눈물범벅, 땀범벅 되어 때를 밀면 인당 1,000원을 받았다. 다른 직원은 경력 쌓인 고수라 하루에 수십 명씩 담당하며 돈을 벌었는데 나는 너무 서툴러 힘이 들었다. 한 달 정도 일했을 때 온몸에 두드러기가 돋았다. 피부병이 옮은 것이었다. 약을 사다 발라도 그때만 조금 괜찮아질 뿐, 며칠 지나면 다시 빨갛게 올라왔다. 몇 달 동안 지속되니 일을 할

수 없었다. 나를 불쌍하게 여긴 큰언니가 명동 성모병원에
데려가 조직검사를 받을 수 있게 도와주었다. 큰언니는
회사 일과 집안 살림을 도우며 자기 집에서 함께 살자고
했다. 남편은 내키지 않는 눈치였지만 대안이 없었다.
대책도 없이 꾸물거리는 것이 너무 답답했다. 200만 원을
가지고 언니네 주택으로 이사했다. 살림도 별것 없었다.
장롱 대신 썼던 캐비닛 한 개와 가재도구 서너 상자가
전부였다. 언니는 우리에게 1층을 내주었다. 방 한 칸, 부엌
한 칸, 아주 작은 다락 하나와 창문 하나가 있는 곳이었다.

    그 시절의 나보다 더 가난했던 사람은 별로 없을 것 같다.
사람들에게 받은 상처로 마음도 가난했다. 하물며 형제도
나를 모른 체했으니 오죽했을까. 그러나 누구를 원망하랴.
혼자 해낼 수밖에 없었다. 언니 일을 도우며 한 달에 6만
원을 받았다. 돈을 모아 떡 방앗간이나 불고기 식당을 하고
싶었다. 그런 희망을 원동력으로 살림을 돌봤다. 언니는
월세도 받지 않았다. 무척이나 고마웠다. 아이들도 어느
때보다 행복해했다. 이웃 친구들과 어울리며 이리저리 놀러
다녔고 공부도 곧잘 했다. 유일한 걱정거리는 남편이었다.
온종일 어디를 그렇게 돌아다니는지 알 수 없었다. 아침
먹고 나가 저녁에 들어오는 것이 일과였다. 그러던 어느
날, 남편은 경기도 안양에 일자리를 구했다며 날마다
출퇴근했다. 무슨 일인지 궁금하여 물었는데 어떤 일인지
알려주지 않았다. "버젓이 대학까지 나온 놈이 그렇게

살아야겠냐, 왜 이렇게 고집 피우는지 모르겠다"라며 언니와 함께 남편의 무책임함을 욕했다.

갈비 식당

언니가 주는 월급으로 아이들 학용품비와 살림비용을 감당하기에는 역부족이었다. 나는 집에서 5분 거리에 있는 갈비 식당에 취직했다. 식당에서 갈비 재우는 법을 배워 내 가게를 차릴까 싶었다. 설거지 담당으로 지원했는데 채소 씻기, 대파 다듬기 등 각종 잡일이 모두 내 몫이었다. 날마다 10kg씩 파채를 썰었다. 채소를 너무 깨끗하게 씻어 주인마님께서 그렇게까지 안 해도 된다고 하실 정도였다. 한 달에 20만 원을 받았다. 아침 10시부터 밤 11시까지 꾀부리지 않고 일했다. 겨울에는 마음을 다잡는 데에도 큰 힘이 필요했다. 눈은 내리고, 물은 차갑고. 울어도 소용없고 웃어도 소용없었다. 티를 내고 싶지 않아 이를 악물었다.

어깨너머로 배우긴 했지만, 정식으로 배워보고 싶어 10개월 차에 주인마님께 갈비 재는 법을 가르쳐 달라 요청했더니, 안 된다며 완강히 거절하셨다. 다른 식당에 가서 배워볼 요량으로 그만두겠다고 하니 월급 2만 원을 인상해 주겠다고 했다. 고민이 됐지만 그만두었다.

큰언니 무역 회사는 번창하는 듯했지만, 경영인인

언니도 모르게 점점 기울었다. 사기꾼이 모여들었고 언니는 속임수에 넘어갔다. 부산에 기업을 둔 사람이 동업을 제안했다. 언니는 수천만 원 단위의 계약서를 썼고 계약금으로 2천을 냈다. 부산에 가 보니 그 회사는 이미 부도가 나 다른 곳에 인수된 상태였다. 마른하늘에 날벼락이었다. 10년 가까이 경영에 매진했던 언니는 절망했다. 직원들도 골머리를 썩였다. 스포츠용품을 만드는 기술자는 2~3개월마다 봉급 타령을 하며 투정 부렸다. 컨테이너에 물건을 넣어 부산항으로 보내는 선적도 담당하는 직원이었다. 선적 날이 가까워져 올수록 배짱부리며 봉급을 올려달라고 했다. 선적이 안 되니 창고에는 물건이 가득 쌓였다. 심지어 회사에 불이 났다. 분명 그 기술자들의 소행이었다. 미국으로 보낼 용품이 모두 검은 재로 변했다. 집안 꼴은 초상집을 방불케 했다. 나는 인간의 고약한 심리를 생각했다. 서로 타협하며 풀 수 있었을 텐데 자신의 이익만 고집하다니, 어떻게 그런 마음을 품고 살 수 있을까. 30년이 지난 지금도 의문이다. 그 사람들 지금은 잘살고 있을까. 생각조차 하기 싫다.

　언니는 미국으로 떠나고 나는 광주로 왔다. 손에 쥔 돈이 200만 원뿐이라는 것을 떠올릴 때마다 헛웃음이 나왔다. 시부모님께 광주 지원동의 주택에서 딱 1년만 살다 나가겠다 말씀드리니 시동생과 동서가 눈을 부릅뜨고 반대했다. 시부모님 집이지만 그들이 이미 자리 잡고 살고

박빛나리

있었다. 동서는 우리가 들어오면 자기들이 나가겠다며 엄포를 놓았다. 남편이 거절했던 사업 제안을 시동생이 받아들였기에 시부모님도 더는 말씀 못 하시고 알아서 해 보라셨다.

마침 다른 언니가 광주에 살았다. 형부 친구에게 5년 동안 아파트를 제공해주었는데, 그곳을 비워 우리가 들어가기로 했다. 입주하기 전 두 달 동안 남편은 지원동에, 나와 아이들은 언니네 집에 머물렀다. 보잘것없는 이삿짐은 모두 친정집으로 보내 보관했다. 나는 언니네 집에서 가정부처럼 살았다. 매 끼니 아홉 가지 이상의 반찬을 해 먹여야 하는 고된 일이었다. 두 달이 꼭 2년 같았다. 새벽 4시면 조용히 촛불 켜고 기도드렸다. 서울에서 내려올 때부터 모셔 왔던 성물 앞에 무릎 꿇고 앉았다. 성모님, 예수님, 하느님께 감사 인사를 드렸다. 내 초라한 모습을 감출 길 없어 눈물이 났다. 언니는 밤새 불 켜 놓고 기도하면 잘 살 줄 아느냐며 구시렁거렸다. 나는 소리 없이 울며 호소했다. 하느님, 어린 내 아이들과 맘 편히 살 곳을 정해주세요. 그렇게 두 손 모아 간절히 기도했다.

어느 일요일이었다. 집에 찾아온 언니는 거실 귀퉁이를 보고 화를 냈다. 빗물에 젖어 벽지가 뜯긴 상태였다. 이런 거 하나 다시 바르지도 못하는 무능한 것이라며, 이렇게 살 거면 당장 나가라고 고함을 질렀다. 당장 이사 준비를 했다. 여기서 더는 살 수 없을 것 같았다. 오치동에서 동구

소태동 언덕의 허술한 주택으로 이사했다. 아이들 학교도 그에 따라 이동했다. 전학 간 지 7개월도 채 되지 않아 다시 학교를 옮겨야 했다. 두 딸은 고맙게도 바뀐 환경에 잘 적응했다. 여전히 상위 성적을 유지했다. 아이들도 마음고생이 심했을 것이다. 차림새를 보고 따돌리는 학생들도 있었더랬다. 하지만 아이들은 꿋꿋하게 공부해 선생님들께 인정받았다. 희망을 놓지 않고 꾸준히 학교에 다닌 딸들에게 너무도 고마웠다.

도서관 매점과 식당

도서관 구내식당과 매점을 운영하는 새로운 일을 시작했다. 매점을 운영하는 동안 쉬는 날은 달에 한 번뿐이었다. 신설도서관이라 학생들이 많았다. 평일에는 몇백 명, 주말에는 거의 천여 명이 찾았다. 작은딸이 매점 일을 도와주었다. 초등학교 3학년부터 3년 동안 일요일만 빼고 하교 후 매점으로 왔다. 그 애에게도 이 시간은 참 힘들었을 것이다.

그즈음 막내아들이 태어났다. 새벽 4시에 일어나 하루 먹을 음식과 기저귀를 빨아놓고 오전 7시까지 출근하면 오후 10시에 퇴근을 했다. 신생아를 등에 업고 온종일 한 평도 안 되는 매점에서 옴짝달싹 못 하며 아이를 봤다.

아이가 잠이 들면 냉장고 뒤 자리에 뉘었다. 아기 한 명 누우면 자리가 꽉 찼다. 냉장고에서 여름철에는 열기가 겨울철에는 냉기가 풍겨 나와 아이는 백일이 채 되기 전에 무척 심한 감기를 앓았다. 잘못하면 어린 생명이 위험에 처할 뻔했다. 아이를 데리고 일을 할 때는 위험 요소가 배가 됐다. 비가 오면 비를 맞고, 눈이 오면 눈길에 미끄러지면서 200m도 넘는 쓰레기장까지 아이를 업고 다녔다. 하루에 수십 번씩 쓰레기를 옮기고 나면 허리가 끊어질 듯 아렸다.

    가정 형편이 어려운 학생들은 도서관에서 공부하고 집에서 싸 온 찬 도시락을 까먹었다. 200원짜리 국물만 사 먹는 아이도 있었다. 그 아이들에게 30~40개 정도의 식권을 주었다. 나보다 더 어렵게 사는 아이들이었다. 고맙다고 인사하며 며칠 후에 친구를 데리고 다시 왔다. 그 친구들에게도 밥과 국을 주었다. 퇴근하기 전에는 100평 식당에 있는 의자를 책상 위에 올려놓고 청소해야 했다. 그러면 어디선가 아이들이 나타나 청소를 도와주었다. 다음에 음식값을 갚겠다는 아이도 있었다. 너희들이 성장하고 나면 찾아와서 갚아도 된다고 했다. 잘 되면 우리 아이들 잘 봐주라며 웃었다. 그런 일이 일상이 되었고 몹시 흐뭇했다. 남편은 베푸는 것을 아주 싫어했다. 자기 살기 바쁜데 왜 남을 도와주느냐며 목소리를 높였다. 이제는 누구를 믿고, 누구에게 의지할 수 있을지, 어디까지 털어놓고 말할 수 있을지 아득했다.

　남을 생각하지 않는 사람은 동료 중에도 있었다. 함께 일하던 사람이 전해준 이야기이다. 식당 주방 일을 하는 아주머니가 날마다 토시에 돈을 숨겨 가져갔더랬다. 1년 동안 가져간 돈이 봉급보다 많았다고 했다. 형편이 어렵다는 이야기를 한마디만 해주었어도 도움을 줄 수 있었을 텐데. 전 관리인이 내 경영권을 빼앗으려고 한 적도 있었다. 경영권을 지키려면 도서관 직원에게 잘 보여야 했다. 음료수나 과자 하나씩을 서비스로 줘야 했고, 명절이나 봄가을 야유회 때는 50만 원 정도 추가 지출이 들었다. 식당 월세만 해도 140만 원에, 30~40명 가까이 되는 직원에게 매일 800원어치의 반찬을 제공하니 돈이 모일 틈이 없었다. 학생 중에는 식권 사는 줄이 길다며 직원에게 돈을 내고 먹는 아이도 있었다. 나중에는 1,000만 원의 적자가 났다.

　반찬이 부실하다며 관리실에 건의하는 학생도 있었다. 어떤 직원은 식판에서 담배꽁초나 머리카락이 나왔다며 당장 식당을 빼라고 소리쳤다. 어린아이를 업고 면박당할 때는 쥐구멍에라도 숨고 싶었다. 어떤 날은 관리과장의 명령으로 직원이 단합하여 한 명도 식당에 오지 않았다. 직원용 반찬을 따로 준비했는데 정말 야속했다.

　그러다 은인을 만났다. 정부에서 주는 청백리상까지 받은 도서관 관장님이셨다. 어느 날 나를 불러 학생들 밥

위에 계란프라이 한 개씩 올려주면 안 되겠느냐 물으셨다. 월세도 높고 인건비도 안 나와 어렵겠다고 하니 시청에 건의해 월세를 40% 가까이 낮춰주셨다. 그분은 6개월 정도 계시다 발령받아 떠나셨다. 수년 후에 세상을 떠나셨다고 들었다. 그분처럼 정직하고 성실한 사람이 살기 좋은 사회가 될 수 있기를 늘 기도한다.

   8년이 지나고 내쫓기다시피 입찰에서 경영권을 빼앗겼다. 눈물도 웃음도 나오지 않았다. 먹고살 것도 마련하지 못한 채 순식간에 벌어진 일이었다. 막막함에 울적하기 짝이 없었다. 둘째 언니가 돈을 빌려주며 어떤 일을 해서라도 3년 안에 갚으라고 했다. 일자리를 찾던 나는 사회복지 영아원에 입사했다. 시설이 정말 열악한 곳이었다. 오두막집 같은 외관에 원룸 열한 칸이 있었는데, 방 한 칸에 여섯 명씩 모여 지냈다. 먹는 식수에는 석회질이 섞여 있었다. 그릇을 소독하면 하얀 가루가 부슬부슬 올라왔다. 그런 물에 분유를 타 먹이면 아이는 어떻게 되겠는가. 나는 하루에 한 끼만 먹으며 열다섯 시간씩 일했다. 신생아 네 명을 동시에 돌봤다. 외출은 달에 한 번만 가능했다. 내 아이들이 너무 보고 싶어 매일 밤 울었다. 눈두덩이 붓지 않은 날이 없었다.

   영아원에는 정말 다양한 사연을 가진 아이가 모였다. 출산한 지 몇 시간도 안 돼 입소한 아이, 화장실 변기에 버려져 신고되어 온 아이, 10대 소녀가 낳은 아이, 딸이

박빛나리

많아 잉태될 때부터 버려질 운명이었던 아이. 그런 아이를 경험도 없는 보육사가 지나칠 정도로 통제하며 키웠다. 제대로 먹이지도 않았고, 울면 고함질렀다. 아이들은 그저 본능에 따라 행동할 뿐이었다. 매월 말 몸무게를 재는데 정상 체중의 아이가 한 명도 없었다. 밤새 우는 아이의 발바닥에 일부러 상처 내는 사람도 있었다. 귀밑을 멍이 들 때까지 세게 문지르거나, 예닐곱 살 아이에게 회초리를 들고 윽박지르는 직원도 있었다. 사랑받고 자란 아이도 어떻게 자랄지 모르는데 이런 환경에서 안 좋은 대우를 받은 아이들이 어떤 마음으로 어떻게 성장하게 될지, 상상만으로도 무서웠다. 세 명의 자녀를 키워온 나로서는 두려움이 앞섰다. 입양을 가는 아이도 있었다. 입양 가정에서는 아이가 어떠한 대우를 받았는지 절대 모를 것이다. 신체적으로도, 정신적으로도 피폐해져 6개월 만에 퇴직했다. 움직일 수 없이 몸이 쇠약해졌다. 수저를 입에 물 수도 없어 친정으로 요양하러 갔다. 어머니께서는 애들을 봐서라도 조금만이라도 먹으라며 밥을 떠먹여주셨다.

　몇 달 후 기운을 차렸다. 요리도 배우고, 꽃꽂이도 다시 시작했다. 등산도 하며 몸은 다시 건강해졌다. 언니와 형부가 15평에 8,000만 원짜리 전세 가게 하나를 얻어 주어 학교 앞에서 피자 가게를 했다. 천천히 갚으라고 하여 달에 100만 원씩 갚았다.

　개업 전 북구의 유명한 가맹점 피자 가게에서 300만

원을 주고 주방 일을 하며 비법을 배웠다. 한 달 만에 얼추 비슷한 맛을 내게 되어 가게를 열었다. 좋은 피자를 만들고 싶다는 욕심이 생겼다. 한우에 좋은 채소로 육수를 내어 소스를 만들고, 한국식 피자를 구워 배달했다. 남구 쪽에서 손님이 상당히 모였다.

　하루는 배달하다 오토바이가 미끄러져 피자도 뭉개지고 무릎도 다쳤다. 겨울에 꽁꽁 언 피자를 배달하는 것이 미안해 마음이 급했었다. 손님은 식은 피자를 받고도 화내지 않고 조심히 운전하라며 격려해주셨다. 고마운 마음에 꾸벅 인사하며 눈물을 글썽였다. 자정쯤 배달을 마치고 돌아와 설거지와 뒷정리를 할 때면 어딘가 허전했다. 그렇지만 계속 일해야 했다. 세 명의 사랑스러운 아이들이 있었으니. 피자 가게를 하며 가장 뿌듯했던 기억 중 하나는 아이들에게 여러 종류의 피자를 고루 먹여본 것이다. 잘 먹어 주는 게 굉장히 행복하고 뿌듯했다. 어떤 고된 일도 잊을 수 있었다.

보육원

　피자 가게를 열고 몇 달 지나지 않아 IMF가 터졌다. 피자는커녕 붕어빵도 못 먹을 정도로 모두 형편이 어려웠다. 가게를 분식집으로 바꾸어 수제비와 햄버거를 팔았다. 한우 뼈를 곤 곰탕에 수제비를 끓였다. 하루에 몇 그릇 파는 것도 힘이 들었다. 학생들은 수제비보다 햄버거를 더 좋아했다. 건물 주인이 내부를 피자 가게 형태로 원상 복귀해놓으라고 통보했고, 복구할 돈이 없어 어쩔 수 없이 가게를 포기해야 했다. 주방의 피자 오븐, 반죽기, 모든 집기를 헐값으로 중고 상회에 팔았다. 전세금도 돌려받아 언니에게 반환하고 집 안에 틀어박혔다. 아이들이 나를 많이 도왔다. 공부도 열심히 하고 친구와 사이좋게 지내며 속을 썩이지 않았다.

 얼마 후 나는 육아원에 재입사했다. 근무제도가 격일제로 바뀌어 이전보다 근무하기 좋았다. 24시간 일하고 다음 날을 통으로 쉬었다. 150만 원의 급여를 받았을 때는 너무 감사했다. 이 돈이면 살아갈 수 있을 것 같았다. 하지만 육아원의 시설은 바뀐 것이 하나도 없었다. 보육사 식사 시간은 10분이었고, 수돗물에는 여전히 석회가 섞여 있었다. 보육사의 행동도 변함없이 폭력적이었다. 원장은 모른척했다. 총무와 간호 보조는 왕이었다. 나이 먹은 보육사에게도 거침없이 욕을 했다. 매월 말 몸무게를 잴 때는 일주일 전부터 개밥 주듯 아무거나 막 퍼서 먹였다. 아이의 몸무게가 줄면 경위서를 써야 했다. 아이들은 소화 불량으로 배탈이 나기 일쑤였다. 토하고 설사했고, 몸무게는 더 줄었다. 나는 그들의 방식을 따를 수 없었다. 그런 식으로 보육하지 말라며 언쟁할 때도 잦았다.

박빛나리

소중한 아이들

정직하고 성실하게 키워낸 아이들이 입양 가게 되면 이제 못 본다는 생각에 가슴이 아팠다.

 4년을 근무하는 동안 막내아들은 중학생이 되었다. 이제 곧 사춘기가 되니 격일제로 일하는 동안 사고를 치지나 않을까 봐 지레 걱정됐다. 보육이 아닌 주방 일을 하면 매일 아들을 볼 수 있었다. 원장님께 말씀드리니 그렇게 하라고 하셨다. 30명의 보육교사와 90명 아이의 세 끼 식사를 준비하며 하루가 멀다고 새벽 4시에 일어나 산등성이에 있는 보육원을 오르내렸다. 아침은 일곱 시, 점심은 한 시, 저녁은 다섯 시 반에 제공했다. 소독기도 없이 질펀한 주방에서 계속 밥을 하다 보니 겨울에도 땀범벅이었다. 여름에도 수백 개의 식기를 끓는 물에 소독했다. 손에 땀띠가 나고 얼굴은 말 그대로 홍당무였다. 그래도 흐뭇했다. 원장님과 직원에게 무슨 음식이든 척척 해낸다며 칭찬받으니 좋았고, 아이들에게 감사하다는 말을 들으니 매우 뿌듯했다. 특히 내 아이들을 몇 시간이라도 날마다 볼 수 있으니 정말 행복했다.

 그러다 건강에 무리가 왔다. 손가락이 전부 굳어 펼 수 없었다. 3개월 휴직을 신청했더니 대신 일 할 사람을 구해놓으라고 했다. 월급을 받지 못하게 될 터였지만, 그때는 돈이 문제가 아니었다. 몸을 지탱할 수 없을 만큼 약해져 할 수 없이 쉬어야 했다. 한 달째 쉬던 날 어린이집에서 식사 준비하는 일을 해보는 것이 어떻겠냐는 문의가 들어왔다. 점심 한 끼와 오전·오후 간식 준비만 하면 된다고 하여 그곳에서 근무하기로 했다. 하지만 생각만큼 쉽지 않았다. 날마다 20kg 가까이 되는 밥솥을 올렸다 내렸다 하는 것이 너무 힘들었다. 음식 만드는 것도 허리에 무리가 갔다. 주방은 한두 사람이 팔을 뻗을 수도 없을 만큼 좁았다. LP 가스도 배출이 안 돼 목이 아프고 기침이 심했다. 봉급도 보육교사보다 40% 정도 적었다. 남편은 생활비를 가지고 올 줄을 몰랐다. 한때는 남편 봉급이 내 통장으로 바로 입금됐는데, 어느 날 남편이 수취인을 변경하고부터는 돈이 들어오지 않았다. 남편은 월급을 홀로 다 썼다. 자식 학비에도 인색했다. 집 근처에서 우연히 마주친 막내에게 "이제부터 학원비 못 준다"하며 차를 타고 가버렸다고 했다. 집에 들어오지도 않고 며칠이 지나도 소식이 없었다. 나는 더는 남편에게 기대하지 않았다. 그리고 아이들에게 아빠가 안 계셔도 엄마가 모든 것을 다 해주겠다고 말했다. 알겠다며 순순히 대답하는 걸 들으며 가슴이 미어질 듯 아팠다. 피도 눈물도 없는 냉혈한이라며 남편을 저주했다. 나를 보기 싫어했던 사람이니 어디 한 번 집 나가서 잘살아 보라지.

장한 아이들

작은딸이 대학에 갔다. 주말과 방학에는 아르바이트하며 동생에게 용돈도 주었다. 그러면서도 4년 동안 장학금을 받았다. 장한 내 딸이다. 4학년 겨울, 졸업 전에 대기업에 취직했다. 서울에서 1년 6개월 영양사로 재직했다. 매일 밤 통화하며 그날 있었던 안 좋은 일을 들을 때면 가슴이 아팠다. 직원에게 모진 말을 듣는 모양이었다. 기업 돈을 착복해 반찬이 이렇게 부실하냐는 문의가 많았더랬다. 악순환이 계속되니 더는 지켜보기 힘들었다. 당장 광주로 내려오라고 했다. 딸은 집으로 돌아와 공무원 준비를 시작했다. 내 마음은 오히려 더 편했다.

딸이 공무원 시험을 준비한 지 1년쯤 되었을 때 미국에 살던 언니가 아이들을 초대했다. 딸은 이 기회에 컬리지 영문학과에 도전하여 입학했다. 나는 다시 외로운 생활을 시작했다. 딸은 학과 공부를 하는 와중에도 언니가 운영하는 요양병원에서 일했다. 온전히 학업에만 집중하기가 어려웠다. 엎친 데 덮친 격으로 우울증이 심한 사촌에게 폭언을 듣고 폭력을 당했다. 딸은 이렇게 어려운 환경에서는 공부할 수가 없다며 하소연했다. 한국으로 돌아가 함께 생활하고 싶다고 하여 허락했다. 몇 달이 지나 복학 시기가 되니 컬리지에서 학업을 계속하라며 통보가 왔지만 되돌아가지 않았다. 딸은 사회복지 아동센터에서

박빛나리

10여 년을 근무하며 인내와 사랑으로 센터를 운영했다. 누구보다 성실한 아이다.

    막내아들은 입대했다. 든든한 사나이가 되어 돌아오겠다고 했다. 그리하라고 말도 못 하고 작은딸과 열차를 타고 돌아왔다. 자주 위문 편지를 보내고 면회를 갔다. 너무 서러웠다. 남편이라도 있었으면 그렇게까지 슬프지 않았을 텐데. 아빠 손길 없이 자란 아이라 더 마음 쓰였다. 아들은 보란 듯 씩씩하게 의무를 마치고 돌아왔다. 정말 장하다.

아동센터

    어린이집에서 사회복지 아동센터로 이직했다. 초등학교 1학년부터 중학교 3학년까지 연령대가 다양했다. 학교 과제나 복습을 시키고 저녁 식사와 오후 간식을 준비했다. 열성을 다하는 것은 나의 본분이었다. 아이들은 먼 곳으로 견학도 가고, 여러 체험도 했다. 시설은 상당히 열악했는데 아이들은 열심히 따라주었다. 그 모습을 볼 때마다 너무도 뿌듯했다.

교통사고와 질병

65세에 교통사고가 났다. 하루 한 시간씩 열심히 걷기 운동을 했는데 오전 8시경 승용차가 뒤편에서 들이받았다. 그날은 몸이 괜찮아 병원도 가지 않았다. 3일이 지나니 엉덩이 쪽 통증이 계속되었다. 5일째 되는 날 정형외과에 가니 입원하자고 하여 어쩔 수 없이 입원 절차를 밟았다. 열흘 되는 날 MRI를 찍어보니 꼬리뼈에 금이 가 두 달을 움직이지 않고 지내야 한다고 했다.

11월 초에 다시 교통사고가 났다. 서울 정형외과에서 허리 고관절 수술을 받았지만, 통증은 계속됐다. 일상생활이 어렵고 집안 소일도, 운동도 거의 중단해야 했다. 하지만 나는 아직 살아 있음에 감사했다. 하느님께서 조금 더 살아가며 자녀들을 보살피라고 말씀하시는 것 같았다.

1년 후 간 농양에 걸렸다. 설날을 앞두고 입원하게 되니 자식들에게 너무도 미안했다. 코로나 때문에 병문안을 올 수도 없으니 더욱 답답했다. 간에 주삿바늘 세 개를 꽂았다. 말할 수 없이 고통스러웠다. 그럴 때면 묵주를 들고 '성모님, 하느님 너무 고통스러우니 차라리 데려가시든지 속히 나을 수 있게 해주세요' 하고 빌었다. 긴 시간 숨 가쁘게 살았으니 이제 쉬어 가며 살라는 뜻이라고 생각했다. 나는 평생을 어떤 이에게, 어린 생명에게 빚을

박빛나리

사랑하는 내 가족

주며 살아왔다고 자부한다.

   간 농양으로 입원한 지 20일 정도 됐을 때 강기남 신부님과 원목실 수녀님께서 병문안을 오셨다. 강기남 요셉 신부님께서는 너무도 예수님을 닮으셨다. 활동적이고 박식하여 다른 성당의 미사 집전도 하며 가는 곳마다 감동을 주셨다. 병문안을 와주셔서 정말 감사드린다.

   얼마 지나지 않아 퇴원했다. 아들은 편지를 써놓았다.

   어머니, 그 아픔을 참으시고 건강한 모습으로 돌아와 주셔서 고맙습니다. 이제는 병원 안 가시기로 하고 만수무강하세요.

   누구라도 그렇듯이 언젠가는 아이들과 헤어져야 한다. 사랑하는 사람들에게 남긴다.

   지금까지 해왔던 것처럼 변함없이 건강 챙기며 각자의 형편대로 어려운 이에게 봉사하거라. 늘 좋은 표정으로, 같이 있는 동안 기쁜 마음으로 살아가자.

손현자 孫賢子 이야기

나는 전라북도 김제에서 1943년 1월 14일에 태어났습니다.

저는 손재주가 좋아 뜨개질을 잘합니다. 모자, 조끼, 카디건을 떠서 친구들과 가족, 친척들에게 선물해 주는 게 나의 소소한 행복입니다.

가족들에게 보내는 한마디

한 노부부가 버스를 타는데 할머니 뒤에서 할아버지가
큰 가방을 받쳐주는 모습을 보았다. 조금만 도와준다면
난관을 쉽게 극복할 수 있다. 우리 가족들도 서로 도와주며
사는 모습이 있으면 좋겠다.

내 인생의 키워드

약속, 성실, 사랑

조카 형민이와의 약속

조카가 6살이던 때, 나는 고등학교 교사로 근무하고 있었다. 퇴근하고 교문을 나오면 조카가 이모, 하며 내 품에 안겨 좋아하던 모습이 지금도 눈에 선하다. 그 모습이 예뻐서 문방구에 들러 딱지, 구슬, 팽이, 과자를 사주곤 했다. 그러면 조카의 친구들이 부러운 듯 바라보았다. 조카는 자랑스러워하며 신나 했다.

어느 날, 조카가 "이제 장난감을 안 사주어도 된다"라고 말했다. 매일 선물을 받기만 하니 미안했었나 보다. 나는 어른이 되어서 돈 많이 벌면 그때 갚아도 된다고 말해 주었다. 그랬더니 조카의 표정이 달라지며 내게 얼마 줄까 물었다. 천 원이나 이천 원만 주면 되겠다고 하니 조카는 "오만 원 줄게"라고 말했다. 당시 오만 원권이 있지도 않았는데, 어떻게 어린아이가 오만 원을 알았을까. 아마 오만 원이 얼마인지는 모르고 가장 큰돈이라고 생각해서 말했던 것 같다.

이십 년이 흘러 조카가 대학생이 되었을 때다. 어느 날 나에게 오만 원이 든 봉투를 주었다. 아르바이트하며 조금씩 모은 돈이었다. 부모님께 용돈을 드리거나 본인이 쓸 수도 있었을 것이다. 그러나 이십 년 전의 약속을 지키기 위해 나에게 오만 원을 주었다고 생각하니 눈물이 났다.

다음 달에도 조카는 내게 똑같이 오만 원을 주었다. 나는 그 돈에 만 원을 보태 매달 육만 원씩 적금했다.

조카가 약혼식을 하고 며칠 후 집에 찾아왔다. 나는 두 사람에게 이백만 원을 주면서 신부 될 처녀에게 조카 이야기를 했다.

"약속을 잘 지키는 총각이니 마음 놓고 결혼하렴."

2019년에 조카의 아이가 태어났고, 조만간 또 아들이 태어날 예정이다. 나는 눈이 더 어두워지기 전에 미리 배내옷을 뜨개질해서 태어날 아이에게 선물했다.

손현자

조카 승영이의 눈물

저녁마다 집에 꼭 놀러 오는 친구가 있었다. 네 살 먹은 여자 조카아이다. 우리 집은 아파트 4층이었는데, 작은 몸으로 4층까지 걸어 올라온 조카가 너무 예뻤다. 나는 조카를 무릎에 앉혀놓고 콩쥐 팥쥐, 인어공주, 흥부 놀부 이야기를 자주 읽어줬다.

하루는 여느 때와 같이 조카가 집에 놀러 왔는데 갑자기 비가 오고 천둥이 치며 비바람이 세게 불었다. 조카는 무섭다며 내 품에 안겼다. 조카의 심장 뛰는 소리가 선명하게 들렸다.

"이모, 왜 천둥이 쳐?"

"거짓말하고 욕하고 말 안 듣는 사람 혼내 줄려고 그래."

　내 대답을 들은 조카가 갑자기 울기 시작했다. 천둥이 우리 아빠 잡아갈까 봐 무서워서라고 했다. 차를 타고 놀러 갔는데 아빠가 옆 차의 운전자에게 욕을 했다는 것이었다. 부모를 생각하는 마음이 얼마나 귀엽고 기특한지, 나는 조카를 더 꽉 안아주었다. 이 아이가 착하게 자라서 행복하길 기도했다. 지금은 예쁘게 커서 직원이 8명이나 되는 미용실의 원장으로 일하고 있다.
　두 조카의 어린 시절을 생각하며 나의 어린 시절을 더듬어 본다.
　1943년, 나는 전라북도 김제에서 태어나 자랐다. 할머니, 아버지, 어머니, 삼촌, 고모와 함께 살았다. 주로 할머니가 날 돌봐주었는데, 새벽이면 나를 두루마기에 싸서 교회 새벽기도에 데려가시곤 했다. 할머니는 가족들이 건강하여서 하느님을 믿고 교회에 다니길 기도했다. 마무리로는 항상 나를 위해 기도해주었다. "우리 손주, 밥 잘 먹고 건강하게 자라게 해주세요. 부모 말씀도 잘 듣고 공부도 잘해서 훌륭한 사람이 되도록 해주세요." 기도해 주시던 할머니의 목소리가 여전히 기억에 남아 있다. 허약한 체질에 비실거렸던 내가 지금은 여든이 넘었으니 어쩌면 할머니의 기도 덕분이라 생각한다.

손현자

형민과 승영이의 어린 시절

아버지와의 추억

음력 12월 19일은 아버지의 제삿날이다. 예전에는 문득문득 아버지가 떠올랐는데, 요즘에는 자주 생각이 난다.

아버지가 돌아가시기 한 달 전, 나는 간호대학에 다니고 있었다. 겨울방학 때 아버지의 병세가 악화하였다는 얘기를 듣고, 집으로 돌아가 아버지를 간병했다. 복수가 차서 숨이 가쁘고 거동이 불편하셨기 때문에 아버지에게 매일 포도당 100cc를 주사하며 옆을 지켰다. 나의 일과는 아침기도를 드린 뒤 아버지께 묵상 책을 읽어드리고, 녹음된 기도문을 아버지와 함께 듣는 것이었다. 가끔 기도문을 녹음하기 위해 친구 장영수를 집으로 불렀다. 장영수가 퉁소 연주를 하면, 나는 옆에서 기도문을 읽고, 아버지는 지켜보셨다. 애절한 퉁소 소리가 마음에 드셨는지 녹음된 기도문을 꼭 듣고 주무셨다.

가끔 아버지는 자신이 살아온 이야기를 들려주셨다. 할아버지는 아버지가 어렸을 때 돌아가셨는데, 동네에서 침을 잘 놓고 뜸을 잘 뜨는 분이었다고 한다. 할머니와 아버지는 시장에서 함께 장사했다. 할머니는 떡을 만들어 팔았고, 아버지는 물감과 바늘, 실, 댕기 등을 팔았다. 오일장에 가려면 새벽에 일어나 밥을 먹고 이십 리를 걸어야 했는데, 시장에 도착하면 다시 배가 고파졌다고

했다. 그렇게 어린 시절을 보낸 아버지는 열여덟 살부터 작은할아버지 댁에서 구두 기술을 배웠다. 그때 어머니를 만나 결혼했는데 어머니가 너무 예뻤다고 했다.

  아버지가 나에게 이런저런 이야기를 하시다가 내게 시집가지 말고 아버지의 재산을 지키며 살거나 수녀원에 가면 좋겠다고 하셨다. 아니면 졸업 후에 조산원 교육을 받아서 조산소를 차리면 좋지 않겠냐고도 말씀하셨다. 아버지는 나에게 많이 의지했기에 본인의 재산을 지혜롭게 잘 쓰길 바랐다. 생각해 보면 아버지가 원하시던 것 중 이룬 게 하나도 없다.

  아버지가 돌아가시기 며칠 전, 자신이 천당에 가면 성모님이 푸른 언덕에서 두 팔 벌려 안아주면 정말 좋을 것 같다고 말했다. 그리고 새집을 지어서 거실과 부엌, 안방에 예쁜 달력을 걸어두고 싶다고 했다. 아버지는 가만히 누워 눈물을 흘렸다. 나는 그저 아버지의 눈물을 지켜보았다.

  겨울방학이 끝나고 개강일이 되어 나는 하루만 학교에 다녀오겠다며 광주로 돌아갔다. 다음 날 아버지가 돌아가셨다는 연락이 왔다. 임종도 지키지 못하고 떠나보냈다. 나와 동생들은 어리기도 하고 타지에서 학교에 다녔기 때문에 성당에서 장례 미사를 드렸다. 당시 장례를 도와주었던 분들 덕분에 아버지를 잘 보내드릴 수 있었던 것 같다. 아버지가 바란 대로 천당에 잘 가셨으리라 믿는다.

아버지의 사랑

　고등학교 3학년 때, 나는 어느 대학에 가야 하는지, 장래에 무엇이 될지 전혀 생각이 없었다. 지금 생각하면 어처구니가 없다. 요즘 고등학교 3학년 아이들은 자기의 진학 목표를 이루기 위해 노력하지 않는가. 내가 너무 어렸던 건지, 멍청이였던 건지 아무 걱정 없이 살았다. 아버지는 평소에도 친척들을 만나러 광주에 자주 다니셨는데, 내가 걱정되었던 건지 광주 신문사에 다니던 큰아버지와 삼촌들에게 나의 진학 문제를 상담하기도 했다. 사범학교, 약대, 간호학교 등을 생각하다 고민 끝에 간호학교 원서를 들고 오셨다. 아버지 생각에 허약한 딸이 조산소에서 일하면 좋겠다고 하며 결정하셨다. 이후에도 원서 접수부터 면접시험까지 아버지가 챙겨주셨다. 입학 전날, 아버지는 '오두막'이라는 양식집에 나를 데려갔다. 양식 먹는 법을 가르쳐주며 공부 열심히 하라고 말씀하셨다.
　나는 몸이 왜소해서인지 어릴 때부터 추위를 많이 탔다. 그런 나를 위해 고등학생 때는 코듀로이와 도스킨이라는 천으로 교복을 맞춰주었다. 겨울 코트는 양복점에서 맞춰주었다. 이처럼 추위를 많이 느껴서 기숙사에 들어가기 전까지도 필요한 물품을 챙겨주시면서 '유담프'라는 찜질팩을 주었던 게 기억난다. 찜질팩에 뜨거운 물을 넣고 수건으로 감싸서 이불 속에 넣고 자면 따뜻해서 잠이 잘 왔다. 기숙사 생활을 한 지 한 달이 지날 즈음, 아버지가 찾아와 살이 붙은 내 모습을 보고 기뻐하셨다. 아버지는 내게 기숙사 반찬은 어떠냐고 묻자, 나는 묵은 김치를 씻어서 양념해 준다고 했다. 내 말을 듣고 아버지는 부실하게 밥을 챙겨 먹는 딸이 짠했는지 고개를 저으셨다. 조금이라도 딸이 잘 먹길 바랐는지 아버지는 매점 아주머니께 돈을 맡기고 갔다. 내가 무얼 사러 오면 이 돈에서 제외하고, 돈이 더 필요하면 외상으로 해달라고 부탁하셨다. 그러면 다음 달에 와서 갚겠다고 했다. 학교 앞 짜장면집에도 똑같이 돈을 맡기셨다. 그러고 나서야 아버지는 집으로 돌아가셨다. 지금 생각하면 아버지에게 과분한 사랑을 받았는데 난 아버지께 해드린 게 하나도 없는 것 같다.

　다정한 아버지에 관한 이야기를 나누고 싶은데 내 동생들은 아버지의 얼굴도 잘 모른다. 그래서 나는 장영수와 류장선 신부님을 만나서 이야기를 나누었다. 류장선 신부님은 아버지와 대화를 많이 나누었던 분이다. 나는 가장 먼저 신부님께 전화했다. 신부님은 아버지, 어머니, 작은아버지의 안부를 물으셨다. 나는 다

손현자

돌아가셨다고 말했다. 우리는 아버지의 이야기를 나누었다. 그러다가 신부님은 내 목소리가 학생 때와 똑같다고 하시면서 예쁘고 착한 소녀였다고 해주었다. 나도 신부님 학생 때의 모습을 기억하고 있다. 깔끔한 남학교 교복을 입은 고등학생이 무릎 꿇고 기도하던 모습이 인상적이었다. 나는 옛이야기를 나눌 수 있는 사람이 있다는 게 너무 반가워 서울까지 가서 찾아뵈었다. 배가 나온 것 말고는 학생 때의 모습과 다를 게 없었다. 여전히 정정하셨다. 그날 나는 또 언제 아버지에 관한 이야기를 들을 수 있을까 싶어 많은 이야기를 했다. 신부님은 내게 아버지가 개종하게 된 이야기부터 신부님이 학생일 때 아버지의 독려로 신부가 되기로 한 이야기까지 들려주었다. 류장선 신부님은 이제 서강대학교 총장 신부님이 되었다고 말했다. 다정했던 아버지를 기억하는 사람이 있다는 게 반갑고, 감사한 날이었다.

친구 숙이와의 이야기

간호학교에 다닐 적에 룸메이트인 숙이와 친하게 지냈다. 나이는 나보다 어렸지만, 마음이 맞아 서로 잘 챙겨주었다. 숙이는 집에서 막내였는데 숙이가 간호학교에 입학할 무렵에는 언니와 오빠의 학비 때문에 살림이 조금 기울었다. 그런데도 숙이는 학교를 열심히 다녔다. 물론 공부도 잘했다. 인정이 많은 아이라 수도사님, 수녀님이 아플 때면 시키지 않아도 간병했다. 여름 방학 동안에는 우리 집에서 함께 시간을 보냈다. 방학은 겨우 일주일이었지만, 우리는 금산사며 성당 행사, 딸기밭과 포도밭으로 놀러 갔다. 숙이와 함께 보낸 여름 방학이 학창 시절 중 가장 행복했다. 간호학교를 졸업하고 우리는 각자의 길을 걷게 됐다. 숙이를 다시 만나게 된 건 오랜 시간이 지난 뒤였다.

    나는 진도에 있는 초등학교에서 간호 선생님으로 7년간 근무했다. 오랜 섬 생활에 답답하기도 하고 다른 일들도 겹쳐 진도를 떠나고 싶었다. 남편이 내 마음을 이해해 주어 함께 광주로 왔다. 우리는 수중에 이만 원밖에 없는 상황이었다. 집을 구해 사글세를 내니 그마저도 없었다. 광주에 오니 어릴 적 친했던 친구들과 연락이 닿았다. 잘살고 있는 친구들을 보니 나의 모습과 비교되어 기분이 좋지 않았다. 문득 숙이가 보고 싶어졌다. 지인에게 주소를 물어 애를 업고 무작정 숙이 집으로 갔다. 숙이는 나를 보고 깜짝 놀란 것 같았다. 학교를 졸업하고 연락 한 통 없다가 찾아간 것이기도 했고 내 모습이 예전과는 달랐기 때문이다. 숙이는 아무 말 없이 포대기에 이만 원을 넣어주었다. 나는 그 돈을 받고 많이 울었다. 덕분에 쌀도 사고, 연탄도 살 수 있었다.

숙이의 도움 덕분에 다시 잘살아 보자며 마음을 다잡게 되었다. 교육학 시험을 보기 위해 밤을 새워 공부했다. 그 결과 임용고시에서 우수한 성적으로 합격했고, 광주의 한 사립고등학교에서 근무하게 되었다. 비약적인 발전이 우리 부부에게 찾아와 행복했다.

이후 숙이는 결혼을 하여 가족과 미국에 갔다. 35년간 미국에서 살다가 한국이 그립다며 올해 남편과 함께 귀국했다. 나는 숙이가 집을 구하는 동안 지낼 수 있도록 세컨하우스를 내어주었다. 우리는 두 달 동안 함께 밥을 먹고, 밭에 나가 농작물을 수확하며 지냈다. 피를 나누진 않았지만 정든 친구라 어떤 것도 아깝지 않았다. 미국의 집을 정리하기 위해 미국에 갔다가 미제 선물을 내게 한가득 주었다. 보답을 바라고 한 일은 아니었지만 고마웠다. 지금도 우리는 학창 시절처럼 함께 놀러도 다니고 친자매처럼 서로 아끼며 살아가고 있다.

시아버지의 이야기

시아버지는 78세에 혼자가 되셔서 우리 집에서 15년간 함께 살았다. 어느 날 시아버지는 나를 불러서는 재혼하겠다고 말했다. 나는 당시 자식 셋을 대학에 보내고 큰아들의 미국 유학비용과 작은아들과 딸의 레슨비로 돈이 넉넉하지 않은 상황이었다. 나는 성당에 가서 시아버지를 미워하지 않게 해달라고 기도했다. 심성은 착하신 분이셨기에 참고 견디니 좋은 점이 많이 보였다.

   하나, 반찬 투정 한번 없이 내가 차려주는 대로 잘 드셨다.

   둘, 고구마를 좋아하셨는데, 쪄서 갖다 드리면 남김없이 드시고 깔끔하게 벗길 껍질을 접시 위에 포개어 놓았다. 그리고 내게 접시를 가져다주며 "잘 먹었다. 고맙다"라고 말해 주셨다.

   셋, 같이 살려면 성당에 다녀야 한다고 하니 나를 따라 성당에 잘 다니시고, 주일 미사에도 꼭 참여하셨다.

   넷, 내가 외출할 때면 대문 앞까지 나와서 잘 다녀오라고 인사해주셨다.

   다섯, 파를 사놓으면 부탁하지 않아도 깨끗하게 다듬어 놓으셨다.

   여섯, 담배를 피우지 않으셨다.

   일곱, 혼자 외출하실 때는 '공원에 간다.', '노인당에 간다.', '노력 봉사하는 데 간다'라고 목적지를 메모해 놓으셨다.

   여덟, 끼니마다 소주를 반주로 드시는데, 남편이 소주 한 상자를 사놓으면 마른오징어는 직접 사서 농에 넣어두고 필요할 때 꺼내 드셨다. 며느리에게 안주까지 달라고 하기 미안해서 그랬던 것 같다.

아홉, 빨랫감은 예쁘게 접어서 방문 앞에 내놓았다. 나의 추측이지만 자주 빨면 내가 성가실까 싶어 메리야스 두 장, 팬티 두 장, 잠옷을 한꺼번에 내놓으셨다.

동네에 피자집이 처음 생겼을 때, 손주가 피자를 사 와서 할아버지께 한 조각 가져다주었다. 시아버지는 이렇게 맛있는 빵은 처음 먹어본다며 정말 좋아하셨다. 지금도 가끔 피자빵을 보면 시아버지 생각이 난다. 더 많이 사 드릴 걸 하는 마음이 남아 있다.

남편과의 이야기

우리는 1963년에 결혼하고 나서 추억거리가 참 많았다. 1965년 어느 날, 늦은 밤에 남편이 귀가해서 자고 있던 나를 깨우더니 밖으로 나오라고 손짓했다. 옆방에서는 시어머니와 시아버지, 시누이가 자고 있어서 나는 살금살금 걸어가 조용히 방을 나갔다. 남편은 나를 마당 구석에 있는 절구통 위에 앉히더니 주머니에서 돼지고기 다섯 점을 꺼내어 내밀었다. 진도 섬에서는 고기가 귀했는데, 고기를 좋아하는 내가 이곳에 와서 고기 한 점 못 먹은 게 짠했던 모양이었다. 나는 돼지고기 다섯 점을 맛있게 먹었다. 남편은 아무 말 없이 내가 먹는 모습을 지켜보기만 했다. 나는 고기를 어디서 가지고 왔는지 묻지 않았다.

손현자

연애 시절

초상집에서 돼지고기를 싸 온 것 같은데, 남들 보는 데서 싸 온 걸까, 조용히 싸 온 걸까. 혹여나 남들 앞에서 그랬다면 남편의 심정은 어땠을까. 남들은 뭐라 생각했을까. 이런저런 생각이 들었지만, 나를 생각해 이렇게 챙겨 온 마음이 고마워 속으로 삼켰다.

　진도에 살며 몸과 마음은 힘들었지만, 남편과 애틋했던 순간도 많았다. 시어머니와 김장하던 날이었다. 나는 물기 뺀 배추를 나르는 일을 했다. 쟁반에 배추 네 포기 정도를 담아 계속 옮겼다. 그러다가 점심쯤에 남편이 서류 봉투를 옆에 끼고 바삐 들어오면서 나를 불렀다. 누가 나를 만나자고 하니 빨리 가 봐야 한다며, 나를 데리고 집을 나왔다. 시어머니가 우리 등에 대고 소리치셨다. 데리고 나가는 아들이나, 따라가는 며느리나 똑같다며 미운 소리를 하셨다. 나를 데리고 나온 남편은 동네 팥죽집에 데려다 놓고 팥죽 한 그릇을 시켜주었다. 남편은 일이 있는지 곧바로 일어서며 자기가 올 때까지 꼼짝 말고 앉아 있으라고 말했다. 나는 남편 말대로 팥죽 한 그릇을 먹고 조용히 앉아 있었다. 섬에는 보는 눈이 많아서 거짓말을 들키는 건 시간문제였다. 소문은 너무 쉽게 퍼졌고, 특히 우리 같은 젊은 부부는 미운 소리 듣기가 쉬웠다. 나는 조용히 남편을 기다렸다. 얼마나 기다렸는지, 남편이 일을 마치고 나를 데리러 왔을 때는 팥죽 그릇에 묻어 있던 팥죽이 말라 있었다. 우리가 집으로 돌아갔을 때 김장은 이미 끝난 뒤였다. 남편한테는 고마웠지만, 시어머니에게는 미안했다.

남편과 함께 여행도 많이 다녔다. 미국, 캐나다, 러시아, 호주 등 많은 나라를 가 보았지만 가장 기억에 남는 곳은 중국 장자제이다. 남편과 둘이 장자제의 산속을 걷는데 경사가 가파르고 험난한 길이 많았다. 한참을 걷다가 나는 다리에 힘이 풀려버렸다. 걷는 모양이 영 시원찮아 보였는지 남편은 내게 업히라고 말했다. 남편은 나를 등에 업고 산을 올랐다. 한참을 걷다가 조금 쉬고 다시 오르기를 반복했다. 그렇게 정상에 도착했다. 군말 한 번 하지 않고 꿋꿋이 올라가던 남편의 모습이 기억에 남는다.

남편은 일할 때도 다정하고 성실했다. 양복 주머니에 항상 '친절 10훈'이 적힌 종이를 넣고 다녔다. 남편은 일과 관련된 사람들을 만나기 전이면 이 글을 마음속으로 되새겼다. '태도는 겸손하게, 용모 단정, 표정 온화, 말씨 부드럽게, 인사 공손, 안내 정중, 설명 자상, 가부 명확, 민원 신속, 통화 상냥' 남편의 양복 주머니마다 친절 10훈이 써진 종이가 들어 있었다. 지금은 내가 고이 간직하고 있다. 가끔 친절 10훈을 읽을 때면 남편이 얼마나 일에 최선을 다했고, 잘하려 했는지를 생각하게 된다. 나 또한 10훈을 따라 살아가려 노력 중이다.

    남편은 자식을 교육할 때도 함부로 다그치지 않았다. 어느 날 남편이 아들 둘을 카페에 데리고 갔다. 앉혀놓고는 이렇게 말했다. "엄마가 해주는 음식은 암말 말고 먹어라, 짜면 물 쳐서 먹고, 싱거우면 간장 쳐서 먹어라. 나도 어떨 때는 간이 잘 맞지 않더라. 그래도 고맙게 생각하고 먹어라." 카페 사장님이 이 모습을 보고 감동하여 나중에 내게 전해준 이야기이다.

    우리는 당시 시아버지와 친정어머니를 함께 모시고 살았다. 그래서인지 남편은 장모님을 '엄매'라며 친근하게 불렀다. 어머니도 그게 나쁘지 않았는지 뭐라 하지 않았다. 어느 날 남편과 나는 테니스를 끝내고 집에 돌아왔다. 남편이 어머니 무릎을 베고 누운 채 물었다. "엄매는 어째 저렇게 사나운 딸을 낳았어? 나는 테니스 시합을 하면 다 이기는데, 엄매 딸은 무서워서 못 해 보겠어. 엄매가 딸 좀 혼내줘." 남편은 친아들보다 어머니를 더 친근하게 대하며 잘해주었다. "엄매가 해준 음식 중에 고구마 대를 된장에 무친 반찬이 제일 맛있는데, 오늘도 해줄 거야?"라며 아양을 떨기도 했다. 그런 모습을 보면 내가 못 하는 말들까지 남편이 해준다는 생각이 들어 고마웠다. 어머니는 직장 생활로 바쁜 나를 대신해 살림이며 육아를 모두 해주셨다. 그런 어머니에게 나는 수고한다는 말이나 고맙다는 말 한 번 제대로 못 해드렸다. 남편이 세상을 떠나기 전에도 "내가 저세상에 가면 장모님 먼저 찾아뵈어서 미안하고, 죄송하고, 고맙다는 말을 꼭 전해드리겠다"라고 했다. "우리가 속없이 어머니께 애들 맡겨놓고 방학 때 여행 다니고, 놀러 다니고 했는데 그게 후회스럽다"라고 말했다. 나도 어머니를 생각하면 한없이 죄송스러워진다. 살아 계실 때 살갑게 좋은 말도 해드리고 함께 여행도 많이 갔더라면 좋았을 텐데 후회된다.

남편은 전남교육청 장학사와 중학교 교장, 교육연수원장 등 많은 일을 하면서도 틈틈이 그림을 그렸다. 전시는 퇴직 작품전으로 열렸고, 총 사십여 점의 작품을 전시했다. '박문수 작품전'이라는 이름으로 2000년 8월 19일부터 24일까지 6일간 남도 예술회관 1층에서 전시를 열었다. 그날 가족과 친척, 친구, 화가 동료분 등 많은 분이 찾아와 주셨다. 남편이 평생 그려온 작품을 다른 사람들에게 선보일 수 있어 나 또한 행복하고 보람을 느꼈다. 당시 넉넉한 형편은 아니었지만, 이러한 소소한 행복과 시아버지, 친정어머니, 두 아들과 딸, 우리 부부가 한 집에서 정답게 살 때가 가장 행복한 때가 아니었나 싶다. 그 시절이 그립다.

남편과 버스 안에서

요즘 나의 생활

　나와 가장 가까운 가족들은 영원한 작별을 하고, 지금은 남은 가족들과 좋은 추억을 만들어 가고 있다. 매일 게이트볼장에 가서 운동도 하고, 성당의 '열린 대학'에 다니고, 동창 모임, 여교사 모임에 다니며 바삐 살고 있다. 조선대학교에 다니는 손녀 선영이, 전남대학교에 다니는 손자 태우, 예고에 다니는 손녀 태희도 제법 어른스러워졌다.

　일주일에 한 번씩 아들 승현이와 대촌면에 있는 작은 작업실에 간다. 텃밭에서 풀을 뽑고 상추, 파, 고추, 토마토, 깻잎, 하지감자, 머윗대를 재미로 가꾼다. 배추 모종은 이십 센티미터씩 띄어서 심어야 한다고 하는데, 내가 도와준다고 모종을 심다가 많이 심고 싶은 마음에 모종 사이를 가까이 두니 아들이 모종을 뽑아서 다시 심었다. 꼼꼼한 아들의 모습이 어쩌면 모두 아빠를 닮은 것 같아 흐뭇했다.
　텃밭 모서리 대추나무와 아기 사과나무, 포도나무, 사철나무, 동백나무를 심었다. 나는 텃밭을 가꾸면서부터 자연을 조용히 바라보는 시간이 많아졌다. 전봇대에 앉은 새들이 우는 소리를 들으며 동네에 놀러 오는 고양이, 유모차 끌고 가는 할머니에게 인사하며 하루를 보낸다.

손현자

여가로는 뜨개질을 한다. 모자, 목도리, 카디건을 떠서 친척과 친구에게 나누어 준다. 지금까지 떠서 나누어 준 것만 해도 100개가 넘는다. 가끔 힘들기도 하지만 그래도 텔레비전을 보면서 밤에 뜨개질하는 게 나의 행복이다. 젊을 때는 '빨리빨리'라는 단어를 자주 사용했는데, 지금은 '천천히 조심해서'를 자주 말하게 되고, 그게 나의 생활 방식이 되었다.

올해 5월 30일에는 고등학교에서 정년퇴임 교사를 초청해 학교 설명회에 초청받았다. 발전된 교내 교실, 휴게실, 교무실 등을 견학하고 학교의 넓은 정원에서 가든 뷔페로 식사 시간을 가졌다. 좋은 학교에서 30여 년 근무했던 것이 자랑스러운 날이었다. 학교생활을 떠올리니 젊은 시절도 주마등처럼 지나갔다. 이만큼 살았으면 행복하다는 생각도 든다. 가족들의 건강과, 발전된 학교, 자녀들의 희망찬 미래를 기도하며 글을 마친다.

최현식 崔賢植 이야기

나는 전라남도 고흥에서 1948년 음력 10월 10일에 태어났습니다.

이웃의 아픔을 나의 아픔으로 알고 사랑과 배려, 봉사를 실천하며 살아가다 보니 천복을 받아 가족이 건강하고, 자녀들도 잘되고, 늦은 나이에 한국문학 시 부문에 당선되어 등단까지 하여 행복하게 살아가고 있습니다.

가족에게 보내는 한마디

사랑하는 형제, 아내, 딸과 사위, 손주들이 가족이라는 인연으로 맺어져 고맙다! 남은 삶도 함께 행복하게 살자.

내 인생의 키워드

건강한 사람은 희망이 있고, 희망이 있는 사람은 꿈이 있다. 건강하게 살면서 선천구의(先天求義), 덕불고필유린(德不孤必有隣, 덕을 베풀면 외롭지 않고 이웃이 많다), 교육진력(敎育盡力), 근면성실(勤勉誠實), 진인사대천명(盡人事待天命, 하늘은 스스로 돕는 자를 돕는다)으로 살자.

나의 어린 시절 이야기

나는 전라남도 고흥군 포두면 길두리에서 태어났다. 해발 608m 팔영산의 높은 기상과 해창만 창파가 넘실대는 넓은 바다를 품은 아름다운 곳이다. 5남 4녀 중 다섯째로 태어나 다복한 가정에서 자랐다. 어릴 적 우리 집에는 논과 밭이 많았고, 소를 많이 키웠다. 아버지는 내게 매일 아침 학교 가기 전 소 꼴 한 망태를 준비해놓으라고 하셨다. 엄하신 아버지 밑에서 가훈인 '정직', '근면 성실', '선천구의'를 몸소 배웠다. 나는 이른 아침 산과 들판에 가서 소 꼴을 뜯었다. 학교에 갔다 오면 소를 몰았다. 어린 시절부터 책을 좋아해서 한 손으로는 소에게 풀을 먹이고 다른 한 손에는 위인전집과 교양서적을 들고 다녔다.

아버지의 일만 도와드린 건 아니었다. 초등학교 1학년 때부터 6학년 때까지 6년간 반장도 맡았다. 6학년 때는 전교 어린이 부회장으로도 뽑혀서 교내 활동을 많이 했다. 교외 활동에도 열심히 참여했다. 당시 다니던 길두 교회의 대표로 동화 대회에 출전하여 동부육군(여수, 순천, 고흥, 광양)에서 1등을 했고, 중학교 때는 웅변으로 입상하기도 했다.

주변에 중학교가 없는 탓에 초등학교를 졸업한 뒤에는 고등공민학교에 다녔다. 검정고시 합격 후 어느 고등학교에 지원할지 고민하다가, 형이 다니는 서울

최현식

ⓒ 주연수

용산구 체신고등학교와 가까운 용산고등학교에 가기로
마음먹었다. 어머님께만 이 사실을 말씀드리고 입학시험을
준비했다. 하면 된다는 신념으로 주야로 밤잠을 줄여가며
공부했다. 공부하기 전에 천지신명께 간절한 기도도
드렸다. "이른 아침, 내 영혼의 목마름에 문을 열고 나의
사랑 내 천지신명께 이 하루를 맡겨요"하고 말이다.

역경과 고난의 끝에서

고등학교 입학시험을 준비하는 동안 어머니는 나의 큰
버팀목이 되어주셨다. 간식과 침구, 의복을 가져다주셨고
그뿐만 아니라 서울 왕복 차비까지 마련해주셨다.
어머니의 사랑과 관심 덕에 나는 공부에 더 매진할 수
있었다. 입학시험 당일, 보성군 벌교역에서 서울행 열차에
몸을 실었다. 서울에 도착하니 찬란한 불빛과 야경이
신기해서 눈을 뗄 수가 없었다. 넓은 서울이지만 기죽지
않고 당당하게 용산고등학교의 입학시험을 봤다. 며칠 뒤,
서울에 사는 형이 대신 합격 통보장을 받아 합격 소식을
수화기 너머로 전해주었다. 그날은 정말 하늘을 날 정도로
기분이 좋았다. 가족들 모두 기뻐하며 축하해주었지만,
아버지께는 축하받지 못했다.

당시 9남매가 초등학교부터 대학원까지 다니고 있다

보니 나까지 유학시키기가 힘들었다. 게다가 아버지는 자식 중 아들 하나는 농군으로 만들어 넓은 농지를 가꾸길 바라셨다. 아버지는 내게 고흥농업고등학교에서 행정실장을 맡은 친구에게 이미 입학금을 내고 왔다고 말했다. 나는 아버지와 상의 없이 입학금을 찾으러 학교 행정실로 갔다. 행정실장님께 나의 꿈과 미래를 자초지종 말씀드린 후 입학금을 돌려 달라 요구했다. 행정실장님은 다짜고짜 아버지의 말씀을 거역한다고 나의 뺨을 때렸다. 나는 화가 나서 "좋은 말씀으로 훈계하시지, 아무리 아버지 친구라고 폭행을 하십니까?"라고 큰 소리로 소리쳤다. 그제야 행정실장님은 미안하다며 "내가 아들 같아서 실수했다"라고 하셨다. "내가 보니 너는 큰물에 가서 살 놈이다. 네 아버지가 자식 중 한 명은 농군으로 만들려는 아버지의 의중이 확실하셔서 아버지 처지에서 손찌검했다"라고 말씀하시며 거듭 사과하셨다.

    맞고 나니 아무리 사과를 받았어도 더 입학하기가 싫었다. 결국은 아버지의 성화에 못 이겨 농고에 입학했지만, 용산고등학교가 머릿속에서 사라지지 않았다. 나는 공부는 거의 하지 않고, 매일 상머슴 두 분과 중머슴 한 분과 같이 넓은 논밭을 가꾸었다. 가끔 산이나 학교 대밭에 가서 책을 읽기도 했지만, 농사일이 많아질수록 좋아하던 책도 점점 손에서 멀어졌다.

농업고등학교를 졸업 후, 대학 시험을 봤다. 결과는 불합격이었다. 낙심하고 있었는데, 아버지는 내게 상처 되는 말씀을 하셨다. 아버지 때문에 내 인생이 망가져 버렸다고 생각하던 차에 남이장군 님의 말씀이 생각났다.

'사나이 이십에 나라 난리 평정 못 하면 어찌 사나이 대장부라 하리요'

세상에 태어나 출세를 못 할 거면 차라리 일찍 생을 마감하고 싶어 최후의 선택을 했다. 그러나 아버지의 일본식 의술과 병원 원장님의 노력으로 생사를 헤매다 병원에서 나흘 만에 의식을 되찾아 한 달 후에 퇴원했다. 죽는 것도 내 뜻대로 할 수 없는 건지, 목숨은 가까스로 건졌지만, 생(生)에 대한 애착심이 없어졌다. 내 삶을 쉽게 포기할 바에는 조국과 민족을 위해 싸우다가 죽겠다고 다짐하며 입대를 선택했다. 입대 전 마지막으로 어머니를 힘차게 안아드렸다. 입대한 뒤 얼마 지나지 않아 월남전에 참전한다고 하니 어머니는 끝없이 만류하셨다. 나로서는 어쩔 도리가 없어 가슴이 메었다. 나를 가장 사랑해주시며 성경 말씀으로 좋은 인격을 길러주신 어머니에게 한없이 죄송스러웠다.

청년 시절 해병대와 월남전 참전

나는 조국을 위해 한 생명 바치겠다는 마음으로 대한민국 해병대에 지원하였다. 6개월간 혹독한 부사관 교육을 받았다. 어느 날 셋째 형님이 결혼하신다는 편지를 받고 담임 교관에게 휴가를 요청했다. 교관은 험한 욕을 하며 야구 방망이로 엉덩이를 내리쳤다. 60대 정도 맞다가 기절했는데, 교관은 나에게 찬물을 부어가며 정신을 차리게 했다. 겨우 깨어났을 때, 엉덩이는 이미 피범벅이었다. 나는 간단한 치료만 받고 다리를 끌며 다시 훈련에 임했다. 그날 교관이 미안했는지 찾아와 사과하며 "이것이 해병대다"라고 말했다. 결국 셋째 형님의 결혼식에 참석하지 못했고 편지로나마 축하 인사를 전했다.

그 일이 있고 몇 주 후, 상처가 아물기도 전에 이북에서 김신조 부대가 남하했다. 부대 훈련은 더 혹독해져 악몽 같은 나날을 보내야 했다. 수료 후 부대 배치를 받고 근무하다 2년 후 청룡부대 5진 9제대로 월남전에 참전했다. 총에 맞아 죽어가는 전우들을 보아야만 했다. 나도 전우들을 따라 싸우다 죽고자 했으나 총에 맞거나 죽지도 않고 살아서 돌아왔다.

야간 매복 중 포탄이 떨어지는 바람에 죽을 뻔한 적도 있다. 나는 분대원들에게 큰소리로 외쳤다. "살고자 하는 자는 죽고 죽고자 하는 자는 산다!" 두려워하는 분대원들에게 사기를 북돋아주며 무전을 친 덕에 모두 안전하게 피신할 수 있었다. 이후에도 아군 포탄과 적의 포탄에 세 번의 죽을 고비를 넘겼다. 무릎이 닳도록 나의 무사 귀환을 기도하신다는 어머니의 편지를 받고 밤새 울었다. 나도 어머니께 살아 귀국하겠다는 답장을 보냈다. 전에는 혹여나 집에 돌아가지 못하면 어머니께 더 큰 상처가 될까 싶어 편지에서 할 수 없던 말이었지만, 나는 죽을 운명이 아니라는 것을 느꼈기에 말할 수 있었다. 무사히 귀국하여 사랑하는 어머니 품에 제일 먼저 안겼다.

우리 부대가 다낭 고노이 섬에서 작전 수행 중일 때 남진과 진송남 가수가 고노이 섬에 배치되었다. 우리는 함께 복무하면서 많은 추억거리를 만들었다.

나중에 사회생활을 하며 남진 공연에 가게 되었는데, 남진 가수가 나를 바로 알아보았다. 우리는 서로 반갑게 인사하며 기념사진을 찍었다. 또 한 번은 가족끼리 일본 여행을 갔을 때였다. 공연장에 갔는데 우연히 남진 가수가 무대 위에 서게 되었다. 이번에도 남진 가수는 나를 알아보더니 나에게 무대 위로 올라오라 했다. 나를 월남 고노이 섬에서 같이 군 복무를 한 부사관이라고 소개하였다. 공연을 마친 뒤 우리 가족과 함께 기념사진을 찍었다.

지금의 아내를 만나다

전역 후 1972년 3월 1일부터 전남매일신문에 입사하여 근무했다. 부모님께서는 각자 점지해 놓은 귀녀(貴女)와 선을 보길 원하셨다. 첫 번째로는 아버지와 호형호제하시던 친구분의 딸을 만났다. 아버지께서 사전 연락을 해놓아, 그 집에 가니 상다리가 부러지게 음식을 차려 놓으셨다. 아버지는 상을 들고 온 아가씨가 나의 짝꿍 될 아가씨라 했다. 아버지의 마음에는 들었을지 몰라도 나의 마음에는 들지 않았다.

밥만 먹고 집을 나오며 아버지께 말씀드렸다.
"아버지, 남의 집 딸 데려다 농사일시키시려고 그러십니까. 제 맘에 든 아가씨여야 결혼하렵니다."

두 번째로는 어머니가 점지해 놓은 아가씨였다. 그 집에 도착하니 초등학교 3학년 학생이 있었는데 총명한 아이였다. 아이는 엄마와 누나가 밭에 갔다며 데려오겠다고 하였다. 몇 분 후, 엄마와 아가씨가 왔다. 이야기를 나누며 아가씨를 유심히 살피는데 언행이 좋아 보였다. 또한, 고구마 한 그릇에 동치밋국과 에그 밀크(우유와 달걀을 섞어 만든 차)를 들고 오는 모습을 보며 양반집 딸 같다는 생각이 들었다. 집에 돌아가기 전 아가씨에게 편지 한 통 보내어도 되냐고 물었더니 흔쾌히 허락해주었다. 다음 날, 나는 그녀에게 바로 러브레터를 보냈고, 예쁜 노란

종이에 답장이 왔다. 노란색은 '희망'이라는 뜻임을 바로 알아차렸다. 그리고 사랑의 싹이 트기 시작하여 2년간 열애(熱愛)를 이어갔다.

결혼하려니 장모님 될 분께서 결혼을 반대하셨다. 내가 해병대를 나왔고, 친구들이 깡패라며 딸을 주지 않겠다고 하셨다. 그날 나는 연인의 집 마당 한가운데에서 2년간 연애하며 찍었던 사진 150장을 태운 뒤 "저도 두원에 장가들기 싫습니다"라고 말했다. 집을 나와 깜깜한 밤에 40리 길을 걸어서 집에 돌아오니 자정이 넘어 있었다. 2년간의 추억들을 떠올리자 눈물이 났다. 장모 될 분께는 화가 났지만, 그녀에게 미안하기 그지없었다. 뜬눈으로 밤을 지새우다 아침 일찍 출근 준비를 하고 있었는데 전화가 왔다. "오빠 나 정자야, 엄마가 허락하셨어." 그 말에 나는 "미안하지만 당신 어머니에게 이젠 정이 떨어졌다"라고 말했다. 그러자 그녀는 "내가 임신했다고 말했더니 엄마가 이 못난 년이라며 결국 허락하셨어"라고 했다. 그러니 엄마를 한 번만 봐달라고 했다. 그 말을 듣고 깜짝 놀랐다. 그녀가 나와 결혼하기 위해 거짓말을 한 것이다. 여전히 장모님에 대한 미운 마음은 있었지만, 그래도 내가 사랑하는 사람과 영원히 함께할 수 있다는 사실에 기뻤다.

1973년 3월 30일, 복사꽃 만개한 춘삼월에 양가 친지와

최현식

ⓒ 주연수

많은 사람의 축복을 받으며 결혼했다. 행복한 신혼 생활을 하면서 알콩달콩 살아갔다.

호사다마(好事多魔)

1975년, 아내는 나에게 한국전력공사 시험에 응시해 보지 않겠느냐고 물었다. 이후 나는 공부를 하여 시험을 봤는데 한 번에 합격하였다. 서울 한전 연수원에서 수개월간 교육받은 뒤 여수로 발령받아 근무했다. 우리 가족은 고흥에서 여수로 이사했다. 여수에 있는 동안 직장에 충성하고, 두 딸을 품에 안게 되어 기쁨도 있었지만, 시련도 따랐다.

호사다마(好事多魔, 좋은 일이 있으면 궂은일이 따른다)라는 말처럼 여수에 근무하는 동안 두 번의 시련을 겪었다. 한 번은 옆집 아낙네에게 돈을 빌려주었는데 회사 부도가 나서 그 돈을 못 받게 된 것이다. 월남 전선에서 벌어온 돈 일부였다. 아내가 힘들어하자 "여보 그 돈은 내 돈이 아니었던 거지. 내가 살아 돌아와서 당신을 만나 행복하게 살고 있으면 된 거고, 불쌍한 사람 도와줬다고 생각해야지."라며 위로했다.

어느 날은 몇 년간 천만 원 정도를 모은 곗돈을 계주(할머니 조카)가 빌려주라 했다. 믿고 드렸는데 곗돈

최현식

ⓒ 주연수

사기를 당해 돈을 돌려받지 못했다. 내가 뼈 빠지게 일해 받은 봉급이었다. 세상이 너무나 더럽다고 한탄하며 나날을 슬픔 속에서 보냈다. 이번에는 아내가 나를 위로하며 힘과 용기를 주었다. "건강하면 복구할 수 있으니 힘내자며, 당신과 내가 건강하고, 애들이 건강하게 자라서 공부도 잘하는데 무엇이 두려우냐"고 말했다. 그날 이후로 다시 힘을 얻었다. 나는 아내와 함께 새벽 4시에 일어나 우유배달을 시작했다. 그렇게 11년간 밤낮없이 일했다. 우리 부부는 열심히 모은 돈으로 그림 같은 이층집을 샀다. 가장 먼저 아버지와 어머니를 큰방에 모셨다. 부모님께서 집의 축복기도를 해주셔서 내 마음이 흡족했다. 그날은 부모님이 좋아하시는 음식으로 한 상 걸게 차려 드렸다. 너무나 좋아하셔서 나에게도 잊지 못할 날이었다.

잊지 못할 장인어른과 장모님

장인어른께서는 나를 많이 지지해주시고 잘해주셨다. 그러다 53세라는 젊은 나이에 암투병하시다가 "최 서방 우리 새끼들 다 자네에게 맡기고 가니 힘들어도 가르쳐 달라"는 유언을 남기고 이틀 후에 소천하셨다. 장인어른의 말씀대로 나는 처남 넷의 등록금을 지원해주며 고등학교와 대학교를 보냈다. 처남 둘은 목사로, 한 명은 사업가로, 한 명은 공무원으로 잘 자라주었다.

장인어른이 돌아가시고 몇 개월 후, 바지락을 채취하러 간 장모님께서 뇌출혈로 쓰러지셨다. 큰집 형님의 전화를 받고 나는 황급히 병원으로 갔다. 놀란 장모님을 안심시켜 드린 뒤 한약방에 찾아가 침을 맞자 상태가 많이 좋아지셨다. 그래도 거동이 힘드셔서 장모님을 모시고 살게 되었다. 함께 살다 보니 이전의 미웠던 마음은 사라지고 지극정성으로 모셨다. 어느 날 장모님이 나를 방으로 부르셨다. 방으로 들어가 앉더니 장모님께서 내게 이전의 일들을 사과하시며 옷 한 벌 사 입으라며 30만 원을 주셨다. 이 돈을 누가 줬느냐고 묻자, 장모님은 지금껏 내가 드린 용돈을 쓰지 않고 모아놓았던 것이라 하셨다. 나는 그 돈을 다시 장모님께 쥐어 드리며 "손주들 용돈도 주고, 계속 용돈 드릴 테니 걱정하지 마시라" 했다. 장모님은 크게 울면서 연신 고맙다고 말씀하셨다. 장모님이 언제부터 이렇게 작았나 싶어 안쓰러운 마음이 들었다. 나는 "이제 다 잊었으니 걱정하지 마시라"라고 위로해 드렸다.

자녀 교육

나와 아내는 배움에 한이 맺혀 있었다.

큰사위와 자녀들과 가족묘 앞에서

최선을 다해 일하고 돌아와 피곤한 와중에도 두 자녀에게 유림학(儒林學)인 천자문, 사자소학, 예절 공부와 기독교(基督敎) 정신을 교육했다. 인의예지신(仁義禮知信)으로 덕(德)을 쌓도록 하여 교육진력(敎育盡力)으로 최선을 다해 뒷바라지했다.

덕불고 필유린(德不孤 必有隣, 덕을 베풀면 외롭지 않고 이웃이 많다)과 진인사대천명(盡人事待天命, 하늘은 스스로 돕는 자를 돕는다)을 가훈으로 삼고 엄하게 가정교육을 했더니 자녀들이 뜻을 알고 잘 따라주어 참으로 고마웠다.

부효자근(父孝子根, 부모님께 효도하는 것은 자식의 근본이다)을 가르치며 내 부모나 다른 어르신들도 잘 보살펴드려야 복을 받는다고 훈육했다. 그래서 두 자녀에게 등하교하기 전 꼭 할머니께 문안드리게 하고, 맛있는 음식이 있으면 사다 드리도록 했다.

지금은 자녀들 모두 잘 자라서 장녀는 서울대학교에, 차녀는 연세대학교에 들어갔다. 졸업한 뒤 좋은 직장에 다니고 있다. 장녀는 부부 의사로, 차녀는 보건복지부(남편은 특허청)에 일하면서 두 딸 모두 단란한 가정을 이뤘다. 두 부부가 맞벌이하는 터라 네 명의 손녀는 나와 아내가 돌보았다. 손녀는 나의 자식이 아니므로 육아가 더 어려웠다. 우리를 길러주신 부모님도 이렇게 고생하셨을 걸 생각하며 부모의 은혜에 감사했다.

정년퇴직 후 나의 삶

김대중 대통령 시절 외환위기 사태로 나라의 경제가 어려웠다. 당시 나도 금 모으기 운동에 참여했다. 공기업에서는 중간 퇴직금이라는 것을 주었는데, 근무하고 있던 한국전력공사에서도 중간 퇴직금 이천만 원을 받았다. 현재 가치로는 이억 원 정도의 큰돈이다. 나는 이 돈을 어디에 쓸까 고민하다가 고향 후배가 생각났다. 부모님을 극진히 모시는 효심은 물론 여섯 남매가 우애 있게 살아가는 모습이 너무나 보기 좋아 후배를 도와야겠다고 마음먹었다. 나는 아내 모르게 아무 조건 없이 이천만 원을 후배에게 주며 사업을 해 보라고 했다. 그로부터 약 삼십 년이 지난 지금, 후배는 사업장을 확장해 '(주)대산', '(주)동보금속', '(주)부루' 세 개의 회사를 운영하고 있다. "이 모든 게 형님의 기도와 선의 덕분이라며 아들이 없으니 나를 양아들이라 생각하라"라며 나에게 날마다 전화한다. 때로는 식사도 같이하고 노래방도 가며 늘 나를 행복하고 즐겁게 해준다. 사업경영이나 미래의 계획에 대해 사심 없이 이야기를 나누다 보니 친형제, 부자(父子)지간처럼 끈끈한 정으로 맺어져서 이제는 떨어질 수 없는 사이가 되었다.

32년 동안의 한전 근무를 마치고 정년퇴직을 했다.

그러자 가까운 지인들, 친구들, 해병전우회, 재여 고흥군 향우회, 운동 동호회, 교회, 정계 등에서 시·도의원 출마를 권유받았다. 심지어 지원비용을 대주겠다는 선후배도 있었다. 나는 가족회의를 열어 아내와 두 딸의 의견을 들어 보기로 했다. 아내는 이혼서를 쓰고 나서 하라고 했고, 두 딸은 정치하신다면 아빠로 생각하지 않겠다며 완곡히 거절했다. 나는 가족의 뜻을 따랐다. 대신 후배를 도와 당선시켰다. 후배가 3선을 해내어 뿌듯했다. "벼가 익을수록 고개를 숙이듯, 언제나 초심으로 많이 듣고 배우며 독서와 근면 성실로 시민들을 따뜻하게 안아 주다 보면 친가족이 될 거다."라고 당부와 조언을 했다. 지금까지 국회의원 한 명, 군수 한 명, 시장 한 명, 시의원 한 명을 당선시켰으며 변호사 한 명, 세 개 기업체 회장 한 명을 고문으로 세웠다. 그들에게 조언하면서 나도 많은 도움을 받아 인격 수양에 도움이 되었다.

　정년퇴직 이후 우리는 여수에서 광주로 이사를 했다. 송정 텃밭과 무등 텃밭을 개간하여 채소류와 콩류 등 30여 종을 재배했다. 나는 틈틈이 시간을 내어 손녀들과 텃밭을 가꾸었다. 매일 무공해 채소를 먹으니 건강도 좋아지고 변비, 혈압, 비만, 위궤양도 회복되었다. 재배량이 여유가 있을 때는 이웃들에게 나누어드렸더니 너무나 좋아하셨다. 누군가를 선뜻 아무 조건 없이 도와주는 건 어려운 일이지만, 베풀고 살면 돈으로는 살 수 없는 소중한 순간을 얻을 수 있다.

팔영초(의형제와의 만남)

고흥에서 자란 세 친구와의 의형제 모임이 있다. 모임의 이름은 '팔영초'인데 고흥 포두면의 가장 높은 산인 팔영산(八影山)의 이름을 따라 지었다. 우리는 자주 만나 밥도 먹고 정도 나누며 형제처럼 지낸다. 매년 꽃 피는 춘삼월과 나뭇잎 떨어지는 가을의 낭만을 함께 즐긴다.

첫 부부 동반 모임을 하게 되어 순천과 고흥에서의 1박 2일 여행을 떠났다. 한여름 무더위를 걱정했는데 가을의 서늘한 바람이 불어와 여행하기 좋은 날이었다. 서울에서 귀향한 변호사 부부를 만나 함께 순천으로 향했다. 순천에서 형님(광산김씨 고흥군 종친회장) 부부와 만나 팔영초가 모두 모이게 되었다. 우리 세 부부는 먼저 순천만갈대밭에 가서 친환경 갯벌과 기러기들을 구경했다. 목포 고속도로를 따라 나의 고향인 고흥 동강 포두면에 들어서자 저 멀리 보이는 비봉산이 환영해 주었다. 차창 밖으로 다채로운 풍경이 보였다. 해창만 넓은 들판에 노랗게 영글어 가는 오곡과 농로 길에 피어 있는 코스모스가 산들산들 춤추며 가을의 소식을 전해주고 있었다. 나와 아내가 젊은 시절 사랑을 속삭이며 거닐던 날들이 생각났다.

　고흥 해창만을 지나서 나로도의 봉래산(蓬萊山)을 바라보다 밥을 먹으러 갔다. 순천식당에서 민어회를 먹으며 그동안의 회포를 마음껏 나누었다. 소화를 시키기 위해 나로도의 부둣가를 거닐었다. 오천 원을 길에 던져 놓아도 개들도 물어가지 않았다는 옛말이 있을 만큼 선창으로 돈을 많이 벌었다고 한다. 우리는 부두에 고깃 배 매어놓고 그물을 터는 모습을 보았다. 전어 비늘이 어부들의 옷에 붙어 반짝였다. 마치 어부들이 빛나는 것처럼 보였다. 그들의 수고가 아름다워 보였다. 저녁이 되자 풀벌레 소리와 파도 소리가 선명하게 들려왔다. 우리는 시골의 적막함에서만 들을 수 있는 소중한 소리를 자장가 삼아 잠이 들었다.

　다음 날 아침, 가을비가 내렸다. 토독토독 내리는 비에 나의 마음도 차분해졌다. 우리는 아침밥으로 장엇국을 먹고 배를 든든하게 채웠다. 봉래면을 탐방하기 위해 나로호 우주센터와 몽돌해수욕장, 덕흥 우주 체험관에 갔다. 내발해수욕장에 가서 모래 위에 발자국을 남기기도 했다.

　거금도의 두 대교를 지나 금산 적대봉(積臺峰)을 한 바퀴 돌았다. 여수로 가는 길에 동정마을을 지났는데, 고흥의 특산품인 유자를 고흥 땅에 처음으로 심고 재배를 연구하신 故 박종환의 태생지였다. 여수에 도착하여 월포 전망대에 갔다. 여수시 돌산군의 모습이 한눈에 담겼다. 우리는 푸른 물결에 감격해 함성을 지르며 해안가의 맑은 공기를 들이마셨다.

순천에 도착하여 여장(旅裝)을 풀고 복분자차로 목을 적시면서 1박 2일 동안의 즐거웠던 순간들을 나누었다. 아쉬움이 남았지만 2017년도에 서울에서 다시 만날 것을 기약했다. 총 520km의 대장정을 함께하며 더 돈독해진 팔영초 첫 부부 동반 모임이었다.

고흥에서의 만남이 있고 1년 뒤에 팔영초 모임은 신록의 계절을 맞아 서울 근교에서 만났다. 우리는 만나자마자 얼싸안고 포옹하였다. 막냇동생의 안내를 받아 맛있는 한정식으로 배를 채우고 북한 강변을 따라 구경했다. 첫 여행지로 관수선심 관화미심(觀水洗心, 觀花美心)으로 이름난 양평의 세미원 연꽃박물관을 관람하였다. 북한강과 남한강 물이 만나는 한강수에 손을 적시며, 남북통일도 이렇게 자연히 이루어졌으면 하고 소망했다. 전망 좋은 만경대에서 피를 맑게 한다는 연잎 차를 마시며 웃음꽃을 피웠다. 석양이 져 붉게 물든 우리의 얼굴을 보며 미래를 상상하였다. 어둠이 짙어지자 밥을 먹고, 장작불 앞에 옹기종기 모여앉아 후식으로 고구마를 구워 먹었다. 어린 시절에 먹었던 맛과 똑같아 맛있었다.

우리는 호텔에 도착하여 서울의 야경을 내려다보았다. 마치 홍콩 마카오를 보는 듯 화려한 불빛으로 뒤덮여 있었다. 다음 날은 제2롯데월드에 갔다. 123층에 있는 전망대에 올라가니 88올림픽 공원과 한강을 가로지르는 잠실대교, 올림픽대교, 천호대교가 한눈에 들어왔다. 이후 석촌호수에 가서 잔잔한 물결을 바라보았다.

짧은 여행을 마치고 수서역에서 작별의 인사를 나누었다. 눈시울이 뜨거웠으나 아쉬움을 뒤로하고 손을 흔들며 헤어졌다.

광주 문학 등단

항상 무엇이든지 배우고 싶은 열정이 있어 동구청에서 운영하는 교육프로그램으로 컴퓨터 초급과 중급, H/P 기초 교육을 수강하였다. 이후 광주 동구문화원과 동행 문학지교에 가입하여 시와 수필을 습작했다. 올해 5월에 광주 문인협회에 투고한 시가 광주 문학 여름호 107호에 실리게 되었다는 등단 축하 문자를 받았다. 처음에는 너무 기쁜 일이라 믿기지 않았는데 동행 문학지교 회원들에게도 축하 문자를 받고서 진짜 시인이 되었음을 실감했다.

동행 문인과 모임

시 창작을 하는 데 있어 도자기를 빚어내는 도공의 마음가짐으로 옷깃을 여미고, 창작예술의 극치를 향한 노력을 멈추지 않겠다는 다짐을 해본다.

내 마음 깊숙이 있는 시어들을 끄집어내어 쓴 짧은 디카시(자연이나 사물에서 느낀 시적 감흥을 사진으로 남기고 언어와 하나가 되어 어우러지는 시)가 독자의 마음을 한 곳이라도 적셔주기를 바란다. 일상 속의 자연을 바라보며 쓴 시 3편 중 2편을 소개해 볼까 한다.

종이배를 띄우며

증심사 운림동
실개천 뚝방 흐드러진
왕벚꽃 겹벚꽃

메아리로 부르는 소리
시냇물에 종이배를 띄우네

흐르는 계곡물
솜털 구름 끌어안고
무등산 연가를 부르네

봄날의 춘심이

꽃향기에 취해
소싯적 첫사랑

이름으로 아지랑이
속으로 미소 짓네

벌 나비는
어우러져 어깨춤을 추고

꽃가루 어지러운
눈먼 허공 더듬네

홍조 띤 미소로
눈짓하는 무등산의 봄

춘심은 나를 끌어당겨
계곡물에 발 담겨주네

풍년가에 취하여

초록의 희망이
장미의 열정으로 타

최현식

오르고 짙어진 아카시아
향기에 벌 나비들이

연신 날갯짓
하는 6월은 몽실
몽실 청포도 같은
꿈들이 영글어 갑니다

금빛 햇살을 받은
초록 옥수수는 쑥쑥
키가 자라고 모내기가
끝난 다랭이 논에 풍년을

기원하는 물빛이 가득한
계절 식지 않은 열정이
남아 있어 그 꿈은 오늘도
한 돋음 한 돋음 성장 중이다

나의 일상생활

나는 오전 5시에 기상하여 "이른 아침, 내 영혼의 목마름에 문을 열고 나의 사랑 내 주님께 이 하루를

아내와 이층집 마당에서

맡겨요"라고 기도하며 하루를 시작한다. 몸을 풀고 무등산 중턱까지 등산하고 돌아온다. 그렇게 매일 만 보를 걷는다. 등산길에 계절마다 바뀌는 풍경을 바라보다 시상이 떠오르면 바로 메모한다. 집에 돌아와 적어둔 문장과 단어들을 가지고 시를 쓴다. 우주 만물이 글의 소재가 된다는 것을 깨닫는다.

사랑스러운 아내가 정성껏 차려준 조반으로 배를 채우고 독서와 서예를 한다. 때로 아내가 텃밭에서 도움을 요청하면 도우러 가기도 한다. 무공해 채소를 먹을 때면 아내에게 감사함을 표한다. 그러나 최근 아내가 위암 수술을 받은 뒤 건강이 잘 회복되지 않아서 염려된다. 사랑하는 아내와 오래 함께하고 싶은 마음이 크다.

삶을 살아가며 배운 것들

나는 선천성을 크게 믿지 않는다. 주변에서 누군가를 칭찬하거나 비난할 때 '타고났다'라는 말을 많이 한다. 선천적으로 머리가 좋다거나 따뜻한 성품을 타고났다는 식의 얘기가 많다. 선천적으로 타고났다면 '맹모삼천'이라는 고사는 무슨 의미로 해석되어야 하는가. '맹모삼천'은 맹자의 모친이 맹자를 올바르게 교육하기 위해 세 번이나 이사했다는 얘기다. 이 이야기의 두 가지 핵심 요지는 자식 교육에 대한 부모님의 관심과 정성이 매우 중요하다는 것이 첫째이고, 자식은 보고 배운 대로 큰다는 것이 둘째다. 집에서 기르는 식물 하나만 보더라도 그렇다. 식물에 물을 주고, 햇볕에 내놓고, 거름을 주면 그 화초는 건강하게 자라서 제때 아름다운 꽃을 피울 것이다. 매일 적당히 주어야 할 물을 며칠에 한 번씩 한꺼번에 준다거나 계속 햇볕에 둔다면 그 화초는 제대로 성장하지도 못하고 말라 죽을 것이다. 화초 하나도 그러한데 하물며 섬세한 감성과 이성을 지닌 인간을 제대로 길러내기 위해서 기울여야 하는 관심과 정성의 정도는 어떠하겠는가.

　　인생은 육십부터 다시 시작한다는 일체유심조(一切唯心造)의 마음으로 건강을 지키고 있다. 조부모님으로부터 교육받은 유림학, 인성교육, 예절교육과 부모님께서 가르쳐주신 '내 이웃을 내 몸같이 사랑하라'라는 기독교(基督敎) 교육을 기억하며 살아가려 한다.

　　평생을 직장과 사회에서 살아가며 배려와 용서 그리고 협동심을 깨달았다. 이제 문인으로서 좋은 글로 사람들에게 감동을 주며 밝은 사회를 만들어 가는 것이 나의 마지막 꿈이다. 재산이 많다 해도 죽으면 하늘에 가져갈 방도가 없고, 인물이 좋다 해도 죽은 뒤 썩지 않을 도리는 없다. 인명은 재천이니 하나님께서 주신 수명대로 살아가야 한다. 그전까지 한 송이 꽃을 피우기 위한 해와 달의 속삭임, 새벽 강가를 홀로 나는 새의 고요함 등 자연을 누리련다. 주변에 어려운 사람이 있다면 도와주기도 하며 덕을 쌓을 것이다. 붉은 노을처럼 주변을 환하게 밝혀주며 여생을 마무리하려 한다.

　직장에 근무하면서 소년소녀가장, 독거노인, 불우이웃돕기를 몸소 실천하다가 정년퇴직 이후에는 형편이 어려운 학생 세 명에게 장학금을 전달했다. 현재는 사단법인 '희망을 나누는 사람들'에서 '희망 나눔 연결 운동' 후원인으로 기부하고 있다. 적은 돈이지만 아동들에게 꿈과 희망을 주고 있다.

마지막 말

　'새는 바람이 가장 강하게 부는 날 집을 짓는다'라고 한다. 어떤 역경에도 흔들리지 않을 보금자리를 만들기 위함이다.

　그동안 모진 비바람 속에서 달려올 수 있도록 도와주신

선배, 동료, 지인 그리고 친인척의 따뜻한 격려와 성원을 가슴 깊이 간직하며 살아갈 것이다. '은혜는 돌에 새기라'는 격언을 잊지 않고 언제나 배려와 봉사와 사랑으로, 좋은 세상을 만드는 데 힘쓰겠다. 끝으로 자서전을 쓰기까지 도와주신 동구청 직원분들과 글 짝꿍분들께 진심으로 감사하다.

이순만 李淳萬 이야기

나는 산자수명한 정원 도시 순천시
승주읍에서 1957년 9월 28일
태어났습니다.

36년간의 공직생활을 대과 없이
마무리하고 요즘은 취미생활과
건강관리에 집중하면서 인생
이모작을 준비하고 있습니다.

가족에게 보내는 한마디

빠듯한 살림에도 부모님을 먼저 챙겨드리면서 삼 남매를
그늘 없이 키워준 어여쁜 당신, 정말 미안하고 고마워요.

내 인생의 키워드

오늘의 나 있음에 감사하는 마음

아버지의 유언

부모님의 유품 중에서 가장 소중하게 보관하고 있는 것이 아버지의 유언집이다. 검은색 비닐 커버를 씌운 두꺼운 대학노트 두 권에 세로쓰기로 빼곡하게 기록된 것이다. 흔히 유언이라고 하면 재산 배분을 생각하게 되는데 아버지의 유언집에는 서두에서부터 재산에 관한 이야기가 아니라고 명확하게 적혀 있었다. 무려 200쪽에 걸친 유언집에서 아버지께서는 이웃으로부터 존경과 사랑을 받도록 행실을 바르게 할 것, 친족 간의 항렬을 잘 알고 예의를 지킬 것, 조부모와 부모에 대한 효행심을 가질 것, 다섯 형제끼리 우애를 잃지 않고 살아갈 것, 자녀 손주들을 올바르게 교육할 것을 재차 강조하셨고 차후 어머니께서 혼자 남으실 걸 예견하신 듯 어머니를 잘 모실 것까지 당부하셨다.

평소 자주 하시던 말씀을 번호까지 붙여 가며 유언으로 남기신 까닭이 눈물겨웠던 조부모님의 인생과 부모님께서 세상 풍파를 겪으면서 자식들이 잘되기만을 바라던 절실한 소망 때문이었음을 알았으니, 다 아는 그렇고 그런 얘기로 치부하며 소홀히 할 수 없었다.

1878년에 태어난 할아버지께서는 하루에 논 3마지기를 혼자서도 거뜬히 맬 정도로 체격이 건장했고 27살이 되던 해에 19살이었던 할머니와 결혼하셨다. 할머니 역시 부지런하고 일솜씨가 좋아서 결혼한 지 15년 만에 드넓은 논밭을 거느리고 마을 문바위 근처에 네 칸짜리 집을 지으셨다. 이렇게 다복하게 사는 듯했으나 몇 해 동안 극심했던 홍역과 장티푸스로 아들 넷과 딸 다섯 중 딸 셋을 남기고 모두 세상을 떠나는 비참한 일이 일어났다. 할아버지께서는 그 일로 화병을 앓으며 방탕한 생활을 하느라 가산을 모두 탕진하셨다.

  할머니께서는 40살에 늦둥이 아버지를 낳았는데 아버지가 10살이 되었을 때 할아버지마저 돌아가셨다. 그러면서 모자간 삶이 더욱 각박해지기 시작했다. 설상가상으로 아버지는 16살에 함경북도 경원 지역의 일본 철도건설 현장으로 강제 동원됐다. 그곳에서 배고픔과 중노동에 시달리다가 이듬해 해방이 되어서야 고향으로 돌아오셨다.

  그동안 할머니께서는 길쌈과 품팔이, 옹이장수 등 갖은 일을 마다하지 않고 근검하게 생활해 다시 땅을 사 모으고 집도 장만하셨다. 조금은 살 만해지자 아버지는 23살이 되는 해에 어머니와 결혼하셨다. 그러나 6·25전쟁 직후 마을과 인접한 조계산, 모후산에 근거지를 두고 밤마다 출몰하는 반란군 때문에 몇 년 동안 신방도 제대로 차리지 못하셨다.

  아버지에 대한 나의 첫 기억은 네다섯 살쯤, 이웃 마을에 열린 각설이 굿을 아버지와 함께 보러 갔을 때였다. 시끌벅적한 굿판 속에서도 널찍한 아버지의 등에 업혀 잠들었던 포근함이 왠지 잊히지 않는다. 그 시절 많이들 그러하듯 나도 할머니의 극진한 사랑 속에 자라서 그런지 아버지는 항상 두렵고 무서웠다. 실제로 아버지께서는 나무 선반에 대나무 회초리를 걸어두고 잘못을 꾸짖을 때 그것으로 종아리와 손바닥을 때리셨다. 우리 집 마당과 윗집 당숙네 텃밭의 경계에 복숭아나무가 있었는데, 불그죽죽 잘 익은 복숭아가 어찌나 먹고 싶던지 몇 개 따다가 아버지께 들킨 적 있었다. 아버지께서는 나보다 두 살 많은 형을 더 매정하게 때리면서 나무라셨다. 왜 그러셨는지 대강은 알겠으면서도 그때 나 대신 매를 맞은 형을 생각하면 미안할 따름이다.

아버지께서는 일 년 내내 쉬는 날이 없었다. 편히 누워 쉬는 모습을 우리 형제들은 아예 본 적이 없다. 눈비 오는 날은 물론 명절에도 잠깐 성묘를 다녀오고 나서 바로 논밭으로 나가셨다. 저녁에는 방에서 새끼줄을 꼬셨다. 그러느라 거칠고 부르튼 손을 우리에게 보여주시곤 정신 차려 공부하라고 말씀하셨다. 동네에서 제일 부지런한 사람을 물으면 누구든 아버지라고 답할 정도였다. 땅을 조금씩 조금씩 계속 사들여 농사의 규모도 점점 커졌지만 쪼들리는 형편은 나아지지 않았다. 어머니께서는 "쌔빠지게 일만 하면 뭐하냐, 니 아부지 허영심 땜에 남 좋은 일만 시키고 만날 이 모양이다"라고 자주 한탄하셨다. 실제로 아버지께서 하시는 일은 뜻대로 되지 않아 헛돈을 쓰는 경우가 대부분이었다. 보리보다 딸기를 심는 게 수확량이 훨씬 많다는 말에 솔깃해 딸기 농사를 시도했지만 전부 망해 딸기 한 알 못 따고 묘목값만 날렸다. 종돈을 들여 새끼돼지를 수십 마리 키워도 분양할 때쯤 값이 폭락하는 바람에 애물단지가 되는가 하면, 짚으로 가마니를 짜는 가마니틀과 새끼 꼬는 기계를 사들이자 비닐 마대가 보편화되었다. 이렇게 시장 정보를 모른 채 남들 하는 것만 뒤늦게 따라 하다가 빚만 떠안았다.

　좁은 계단식 밭에 뽕나무를 심고 집 앞에 있던 채소밭 한편에 흙담으로 잠실을 지어 누에 농사도 시작했다. 이게 그나마 가장 성공적이었다. 누에는 한 달이면 다 키우고 일 년에 봄, 가을 두 번 수확할 수 있어서 비교적 쉽고 짭짤한 돈벌이였다. 그래서인지 우리뿐 아니라 여러 농가에서 부업으로 선호했다. 한밤중에 누에가 사그락사그락 뽕잎을 갉아 먹는 소리를 들으며 잠들던 나날은 우리들의 몸과 마음이 함께 영글어 가는 시절이었다.

　우리 소유의 땅은 집 근처의 검은골 서 마지기와 당산 등 천여 답이 전부가 아니었다. 넓은 들을 지나 하천 징검다리까지 건너야 하는 곳에도 땅이 꽤 많았다. 지금 부모님의 묘소가 있는 곳은 원래 야산을 개간해 만든

계단식 밭으로 그 범위가 십여 필지에 이르렀다. 골짜기를 따라 이어진 비탈진 밭뙈기에는 주로 고구마를 심었다. 수확 철에 그 많은 고구마 줄기를 부모님께서 힘들게 걷어냈을 걸 생각하면 내 마음이 다 힘겨울 지경인데 무거운 고구마를 머리에 이고, 등에 짊어지고 나르던 부모님의 고생은 어찌 말로 다 하겠는가?

 일조량이 커 벼가 잘 영근다는 말을 듣고 사들인 동낭치골 논까지는 약 3km나 가야 했다. 거기서 일하는 날에는 점심 도시락까지 준비해 하루를 온통 보내야 했다. 가끔 논이 마르지 않았는지 살피러 가는 일도 내 몫이었다. 논에 가는 길에 맑은 개울가를 따라가면 검붉게 잘 익은 산딸기가 지천으로 널려 있곤 했다. 눈치 볼 사람도 없이 배가 부르도록 실컷 따먹고 보자기가 묵직하도록 챙겨 오던 추억은 동낭치골 논이 준 행복한 선물이다.

 이토록 많은 농사일을 묵묵히 도운 건 암소 누렁이였다. 논밭을 갈고 고르는 일도 힘들 텐데 언제부턴가 달구지까지 끌기 시작했다. 누렁이를 보는 동네 사람들은 주인을 닮아 일복이 많다고도, 주인을 잘못 만나 고생이 많다고도 말했다. 사람들이 누렁이를 염려할 동안 아버지께서는 엉뚱한 걱정을 하셨다. 보통 일하는 소는 쟁기질하다 무언가 걸리는 느낌이 들면 바로 멈춰야 한다. 무리하게 끌다가는 쟁기날이 파손되기 때문이다. 반면 달구지를 끄는 소는 오히려 힘을 더 써서 바퀴에 걸린 것을 넘어야 했다. 아버지께서는 달구지에 길이 든 누렁이가 쟁기질을 제대로 못 할까 봐 걱정하셨다. 그런 아버지의 걱정은 기우였다. 누렁이는 아버지의 입맛에 맞게 쟁기질도, 달구지 끄는 일도 잘 해냈다.

　누렁이를 키우게 된 사연은 유언집에 상세히 쓰여 있었다. 어려운 살림이라 송아지를 살 수는 없었고 대신 배냇소를 키웠다. 어느 밤, 마을에 반란군이 들이닥쳐 아랫집 소를 몰아가는 걸 아버지께서 목격했다고 한다. 남에게 빌려 키우던 소를 빼앗기면 그야말로 큰일이어서 매어 둔 소의 코뚜레와 고삐를 모두 떼어낸 채 온 가족이 숨죽이고 숨어 있었다. 곧 우리 집까지 쳐들어온 반란군이 고삐 없는 소를 어찌하지 못하고 돌아갔다. 긴박했던 순간 번뜩였던 아버지의 기지 덕에 큰 고비를 넘기고 누렁이를 얻었다.

　아버지께서는 누렁이를 매일 고되게 부린 만큼 대우도 잘해주셨다. 여물도 그냥 주지 않고 잘게 썰어 커다란 가마솥에 끓여 따뜻하게 먹였다. 외양간에는 보릿짚을 넉넉하게 깔아 누렁이가 푹신한 곳에서 편히 쉬도록 했다.

　누렁이가 빈 달구지에 노부부를 태우고 석양 길을 터벅터벅 걸어 귀가하는 사진에는 부모님과 누렁이에 삶이 들어 있는 것 같다. 그래서 제사 때마다 영정사진 옆에 이 사진을 나란히 두고 향을 피운다.

하루 일을 마치고 달구지로 귀가하는
부모님의 평화로운 모습

누렁이가 보릿짚에 깊숙이 누워 눈을 지그시 감은 채 되새김질하던, 한없이 평화로운 모습이 눈에 선하다. 눈썹에 흰 털이 돋을 때까지 오래도록 아버지 곁에서 고락을 함께하던 누렁이가 하늘정원에서 부모님과 함께 편히 쉬기를 바란다.

저 높은 곳을 향하여

공직의 길은 첫걸음부터 경쟁이었다. 승주군(현 승주읍 및 순천시)으로 배정된 7명 중 쌍암면(현 승주읍) 근무를 신청한 사람은 나를 포함해 두 명이었는데 자리는 하나뿐이었다. 나와 경쟁자 모두 쌍암면이 고향이었던지라 누구 한 사람은 객지에 가 적은 봉급 대부분을 숙식비로 소진해야 할 판이었다. 그저 운명을 받아들여야 하나 생각할 때 평생 농사일만 하신 아버지께서 인사 운동을 시작하셨다. 아버지의 갑계원 한 분이 당시 광주광역시청 고위직 공무원이었고 승주군 인사 담당 계장과 친밀한 사이였다. 그 덕에 아버지의 청탁이 잘 먹혀들었던 것 같다. 그리하여 1982년 3월 22일, 고향에서 면서기로서 첫 공직생활을 시작했다. 아침저녁 자투리 시간에는 부모님의 농사일을 도왔고 15만 원 내외가 든 얇은 월급봉투나마

매달 꼬박꼬박 가져다드리니 빠듯했던 시골 살림도 조금씩 여유가 생기면서 부모님의 행복한 웃음도 잦아졌다.

　임용 전까지는 하찮게만 보였던 면서기 일을 직접 맡아보니 생각처럼 녹록지 않았다. 면사무소에서 처음 맡은 업무는 산업계 전작 담당으로 보리, 콩, 채소 등 밭작물의 재배 면적과 생산량을 조사하고 보고하는 일과 관용 양수장비 관리였다. 경지 정리가 되지 않은 수많은 다랑논에는 가장자리를 따라 콩이 듬성듬성 한 줄로 심겨 있었다. 바로 이 콩이 심어진 논두렁의 면적과 예상 수확량을 조사하는 일은 지금도 떠오를 만큼 어렵고 황당했지만, 그보다 더 힘들었던 건 100여 대나 되는 엔진형 양수기를 닦고 조이고 기름칠하는 일이었다.

　하필 그때 가뭄이 극심해서 양수기와 송수 호스가 필요하다는 주민들의 민원이 밤낮으로 계속됐다. 게다가 방치된 양수기를 회수하는 과정에서 높다란 논둑에서 무거운 양수기와 함께 굴러떨어지는 바람에 병원에 급히 실려 갔다. 한번은 산불이 일어났는데, 면 소재지에서 가장 먼 곳이어서 주민들과 며칠 내내 불을 끄느라 고생했다. 사무실 안에서도 거의 아버지뻘 되는 선배 공직자들의 잔심부름은 물론 마을 회의 원고를 작성하는 등 잡다한 일을 도맡아 했다. 그런 고루한 나날이 이어지니 힘이 빠지기도 했지만 '젊은 사람이 일도 잘하고 글도 제법 쓴다'라는 선배, 이장님 들의 칭찬을 원동력 삼아 버텼다.

　정기 감사를 비롯해 상급 기관의 지도 점검도 빈번했다. 하루는 양수기 정비와 보관실태 점검을 위해 점검반이 방문했다. 깔끔한 양복 차림으로 업무 수첩을 들고 다니는 도청 직원은 내가 생각지 못한 부분까지 꼼꼼하게 지적했다. 내가 꿈꿔온 멋진 공무원의 모습이었다. 그들에게 동경심을 가졌던 날도 서서히 잊힐 무렵, 다른 부서에서 일하는 선배에게 연락이 왔다. 며칠 후 면에서 근무하는 직원을 대상으로 군청 전입 시험을 치르는데 시험 신청이 곧 마감된다는 것이었다. 군청 전입 시험이 당일 마감일 리는 없었다. 알아보니 휴가를 낸 며칠 사이 전입 시험 계획이 전달되었는데, 경쟁 직원이 의도적으로(?) 알려주지 않은 듯했다. 급히 군청에 가 사정을 이야기하니 다행히 신청서를 받아주었다. 그 자리에서 신청서를 작성해 제출하고 남은 휴가 동안 시험 준비에 집중했다.

　전입 시험에서 영어와 일반상식은 비교적 쉽게 풀 수 있었지만, 군수님이 출제했다는 '공무원 윤리 헌장에 대하여 논하라'라는 문제는 생소하고 당혹스러웠다. 그런데 뜻밖에도 내 자리 옆 벽에 공무원 윤리 헌장 전문이 적힌 커다란 액자가 걸려 있는 게 아닌가? 그걸 보는 순간 어떻게 답안을 작성할지 머릿속에서 그려졌다. 답안을 쓸 때 한자를 섞어 쓰면 점수를 후하게 받을 수 있다는 선배의 조언대로, 어려운 어휘는 한자로 바꿔 작성하며 공무원의 신조 다섯 가지를 중점으로 열심히 적어나갔다. 시험 과정은 조금 찝찝했지만, 결과는 좋았다. 30명 남짓한 경쟁자 중 2명을 뽑는 자리에서 장원을 하여 공직에 회의를 느꼈던 면서기 생활을 1년 4개월 만에 마치고 1983년 8월 1일 자로 군청 직원이 되었다.

   군청 근무 이 년 만에 내무과 행정계로 발령 나면서 업무에 대한 열정과 강도는 최고조에 이르렀다. 승주군의 모든 일을 총괄하는 부서인 만큼 각오를 단단히 다지고 밤낮없이 일에 몰두했다. 수시로 하달되는 지시사항을 최대한 빨리 처리해야 하는 업무 특성상 네 일 내 일을 가리지 않고 우리 부서 모두가 한 팀으로 움직였다. 이렇게 노력한 데 상응하는 대우를 받을 수 있으면 좋았겠지만 그렇지 않았다. 승진하기에 부족하지 않은 경력과 실적이 있었는데도 승진은 자꾸만 미뤄졌다. 인사에는 업무 능력과는 별개의 보이지 않는 힘이 작용한다는 걸 짐작했지만 억울함은 어쩔 수 없었다. 그런데 지나고 보니 이때 승진하지 못한 게 내게는 기회였던 것 같다. 전남도청에서 행정계 8급 11명을 뽑는 도청 전입 시험을 시행한다는 소식이 들려왔다. 몇 년 동안 아무 기준 없이 시·군 소속 8급이나 6급, 심지어 도청 근무 경력이 없는 5급 직원들까지 도지사 마음대로 전입시켜온 데 대한 반발이 거세지자 마지못해 처음 시행하는 시험이었다. 군청 내의 경쟁 없이 개별로 응시하는 방식이었고, '설맞이 종합대책을

읍·면·동에 시달하는 공문서 작성' 등의 실무능력을 평가했다. 이때도 역시 한자를 병용해 가지런한 글씨로 현장감 있는 답안을 작성해 무난하게 합격했다. 군청 전입에 이어 도청까지 누구의 입김도 없이 혼자 힘으로 이루어냈다는 사실이 매우 뿌듯했다.

    고향 면서기로 공직생활을 시작한 지 5년 10개월 만인 1988년 2월, 꿈에서나 그렸던 전남도청의 직원이 되었다. 그런데 처음 출근한 곳은 광주에 있는 본청이 아니라 순천 시내에 있는 '주암댐건설지원사업소'여서 도청으로 발령받았다는 사실이 전혀 실감 나지 않았다. 더군다나 맡은 업무마저 댐 수몰 지역의 편입 대상 주민에게 보상해야 할 토지, 건물, 수목 등을 조사하는 일이었다. 직접 현장에 나가 하는 일이라 양복 대신 등산복을 입고 배낭을 메고 출퇴근했다. 내가 바라던 모습은 아니었지만 수몰 지역 대부분이 고향 마을을 포함한 승주군이었기 때문에 그곳 주민들이 내 부모 형제라는 마음이 들었다. 그들의 처지에서 최대한 지원해주고자 노력했다는 것은 나만 아는 자랑스러운 기억이다.

    변방 부서에서 일 년 동안 거친 업무를 하며 기반을 다진 덕분에 본청 기획실에서의 근무는 그다지 어렵지 않았다. 오래 지나지 않아 7급으로 승진까지 할 수 있었다. 그러나 이천여 명에 이르는 거대한 조직에서 외톨이인 것 같다는 느낌을 지울 수 없었다. 1991년 하반기 정기인사에서 모두가 선망하는 총무과, 그중에서도 인사계로 발령받아 한동안 소란스러웠다. 당시 인사계는 서무계나 고시계에서 상당 기간 근무해 잔뼈가 굵은 사람들이 가는 게 관행이었기에 나의 발령은 상당히 파격적이었고 내 자리를 노려 준비하던 사람들의 불만이 컸다. 나 역시 얼떨떨한 기분으로 해명 아닌 해명을 하느라 애를 먹기도 했다. 일찍이 도청에서 자리를 잡은 고향 선배가 나의 실력을 인사 부서에 강력하게 어필했으리라고 짐작했지만, 그분은 그때도 지금도 아무런 언질 없이 빙그레 웃을 뿐이다.

인사계의 업무는 도청 소속 공무원 개인의 신상 자료를 관리하고 이를 인사고과에 반영하는 것이었다. 나는 이 업무를 옆에서 보조할 뿐인 말단 직원이었는데도 다른 부서 직원들이 깍듯이 예의를 차렸다. 인사 관련 정보를 얻기 위해 여러 방법으로 접근을 시도하기도 했다. 그만큼 업무와 행동을 늘 엄격히 해야 했고, 특혜를 누린 만큼 완벽하게 일을 처리해야 한다는 생각이 머릿속에서 떠나지 않았다.

도청은 6급이 끌고 간다는 말이 있다. 실제로 각 부서의 6급 공무원들이 중요 업무를 도맡아 했다. 나 역시 6급 재직 기간이 9년으로 공직 생활 중 가장 길었으며, 나의 모든 행정적 역량을 최대한 발휘하고 헌신했다. 6급이 되면서 자치행정과에 근무하여 전라남도 구석구석 폭넓은 행정 경험을 쌓았다. 그렇게 도청의 핵심 부서인 기획, 총무, 자치행정 부서를 모두 섭렵하는 몇 없는 인물이 되었다.

내 인사기록에는 포상이 8번 기록되었는데 그중에서도 두 차례의 직무교육 성적 우수 상장을 가장 자랑스럽게 생각한다. 과중한 업무와 직무교육을 병행하면서도 백여 명에 이르는 교육생과 겨루어 당당히 얻어낸 성과이기 때문이다. 교육성적이 인사에 반영되기 때문에 입상을 노리던 몇몇 교육생은 내가 특혜를 받아 논술형 점수를 높게 받았다는 황당한 주장을 했다. 교육원 측에서는 이러한 공개적인 이의제기에 답안지를 공개하기까지 했다. 문제를 제기한 사람들이 논리정연하고 정갈하게 작성된 나의 답안지를 보고서야 두말없이 물러섰던 웃지 못할 해프닝도 있었다.

1997년 IMF 외환위기와 함께 김대중 대통령의 작은 정부 방침에 따라 공직 사회에도 된서리가 내렸다. 전 공무원의 인사 동결령이 내려졌고 행정조직과 인원이 대폭 줄어들면서 6급 경력 5~6년이면 승진할 수 있었던 이전과 달리 나는 꼬박 9년을 근무하고 2004년 3월에 어렵게 5급 사무관으로 승진했다.

5급 승진자의 시·군 전출 관행에 따라 나도 전남도청을 떠나 순천시 주암면장을 맡았다. 공직자의 길은 역시나 순탄치 않았다. 들뜬 마음으로 주암면장 자리에 앉은

지 4개월 만에 주암면에서 거주하던 당시 순천시장의 어머니가 실종되는 사건이 발생했다. 79세의 고령이었지만 평소 농사일도 할 만큼 정정했고 그날도 아침 산책을 나섰다가 사라진 것이다. 교통사고나 노인 유괴 쪽에 무게를 두고 여름 내내 수색했지만 결국 발견하지 못했다. 그 과정에서 있었던 모든 일이 하나같이 괴로웠지만, 무엇보다 실종 사건이 발생한 데 대한 책임자로서 죄책감이 들어 근무 기간 내내 마음이 불안했다. 엎친 데 덮친 격으로 순천시 쓰레기 소각시설 건립 후보지로 주암면이 선정되었다. 주민들은 찬반으로 나뉘어 격렬하게 시위했고 시위대끼리 충돌이 끊이질 않았다. 주민들 간의 갈등은 깊어만 가는데 시원한 해결책을 내놓지 못한 나의 한계를 맛보고 첫 부임지를 쓸쓸히 떠났다.

2005년 7월 1일은 나에게 의미 있는 날이다. 주암면에서 탈출하다시피 빠져나와 내 고향 승주읍(1985년 쌍암면에서 승주읍으로 승격)에서 두 번째 근무를 시작했기 때문이다. 1982년 말단으로 공직을 시작한 지 23년 만에 그 고을 책임자가 되어 돌아왔으니 금의환향이 아닐 수 없다. 어르신부터 선후배는 물론 읍사무소 동료 직원까지 축하와 격려를 아끼지 않았다. 다들 내가 하고자 하는 일에 적극적으로 협조해주었다. 우리 집 일처럼 주민들에게 보탬이 되는 일을 찾아서 하니 마다할 리 없었다. 1995년 승주군이 순천시로 흡수 통합되어 승주읍은 날이 갈수록 쇠락해졌다. 주민들은 선암사와 상사호를 중심으로 한 관광 산업 활성화에 기대를 걸고 있었다. 그걸 잘 알고 있었기 때문에 부임하자마자 로터리 공원화 사업부터 추진했다. 선암사로 진입하는 도로가 굉장히 협소한데 그 길을 농협 건물이 가로막고 있었다. 우선 건물부터 이설시킨 뒤 그 자리에 넓은 로터리 공원을 조성했다. 교통이 원활해지는 건 물론 선암사에 방문하는 관광객들에게 또 하나의 볼거리를 제공하는 효과도 있었다. 이어서 상사호 수변도로를 따라 용호정(龍湖亭), 송호정(松湖亭), 성호정(星湖亭), 유호정(柳湖亭)이라는 현판을 붙인 누각형 정자를 지어 인접 마을 주민과 방문객을 위한 품격 있는 쉼터를 만들었다. 비록 1년 반 동안의 짧은 재임 기간이었지만 옥녀봉 새해 해맞이 행사를 시작으로 읍민의 날 행사 부활, 승주 노인 대학 운영, 이장단 해외 연수 등으로 승주읍을 위해 고심하고 애썼다.

2007년 2월, 목포로 옮긴 전남도청에 복귀했다. 공직 막바지의 도청 직원은 부시장, 부군수 등 자치단체장 자리를 선호한다. 나도 마찬가지였다. 이 자리 역시나 경쟁이었다. 나처럼 오랜 세월 갖은 경험과 이력을 쌓은 사람들끼리의 최종 경쟁인 만큼 이전과는 비교할 수 없게 치열했다. 마음 같아서는 그냥 익숙하고 편한 일을 하면서 공직생활을 마무리하고 싶었지만 내게 기대하는

진도 부군수 취임식

가족과 동료들의 시선이 의식되어 포기할 수 없었다. 업무 출장을 핑계로 지역에 방문해 민선 자치단체장의 의중을 떠보는 건 기본이었다. 최종 결과가 나올 때까지 각 부처 유력 인사들의 지원사격도 꼭 필요했다. 나 역시 끝까지 방심하지 않고 할 수 있는 최선을 다했다. 일찍이 해양수산 업무로 인연을 맺은 덕을 보아 2016년 7월 진도군 부군수로 취임했다.

여러 사람의 축하와 환영으로 가득한 취임식, 운전기사의 안내를 받으며 이용하는 검은색 승용차, 비서가 정성껏 내려준 커피 향이 가득한 넓은 집무실, 아담한 정원이 딸린 관사 등은 부단체장에게만 주어지는 특별한 배려였다.

전임자로부터 진도군은 '울며 갔다가 울며 나오는 곳'이라는 말을 들은 터라 예상은 했지만, 진도군의 민심은 홍주처럼 톡 쏘면서도 진돗개처럼 강직했다. 진도군은 상당히 큰 섬인데다 고산 윤선도가 바다를 막아 약 100만 평에 이르는 굴포리 농지를 만든 후로 간척 사업을 계속해서 그런지 군민 대다수가 농업에 종사했다. 먹거리가 넉넉하니 운림산방에서 남종화를 그리고 알싸한 홍주를 마시며 향토 민요 진도 아리랑을 부르는 풍류 문화가 현대까지 이어졌다. 그래서 그런지 공무원이 마시고 노는 데는 제법 관대한 편이었다. 이런 여건을 이용해 퇴직 직전, 평소 소원했던 지인들을 초청해 홍주 통에 빠뜨리고

놀았던 추억은 지금도 모임에 나갈 때마다 나오는
얘깃거리다.

　귀한 인연들의 도움과 나의 노력을 보태어 일궈낸
'일인지하 만인지상' 부단체장을 끝으로 길고도 험난했던
36년 공직 생활을 마무리했다. 여기까지 큰 문제 없이
무사히 퇴직할 수 있도록 물심양면 도운 모든 이의 얼굴과
이름을 하나하나 떠올리며 감사하는 마음을 전한다.

제주도의 푸른 밤

이순만

　제주살이는 나의 버킷리스트 1번이었으나 많이들
그러하듯 직장과 육아 등으로 감히 엄두를 내지 못했다.
그렇게 세월이 흘러 정년을 맞이했고 격주마다 찾아뵈며
보살펴드려야 했던 부모님께서도 옥녀봉 하늘의 별이
되셨다. 홀가분하면서도 허전한 마음을 추스르던 무렵
공무원연금관리공단에서 퇴직한 공직자를 대상으로
은퇴자 체험 마을을 운영한다는 소식을 접했다. 은퇴자
마을은 제주를 비롯한 전국 유명 관광지의 펜션단지 20여
곳을 정해서 퇴직 공무원 1인 2개월씩 지내도록 하는
프로그램이었다. 연중 상시로 운영하지만, 지원자가 워낙
많아 당첨이 어렵다고 알려졌는데, 신청서에 어머니를 여읜
상황과 긴 세월 가정을 탄탄하게 지켜준 아내의 내조에

대한 위로가 꼭 필요함을 구구절절 하소연했더니 대번에 뽑혔다.

제주에 처음 다녀간 건 1985년 1월 20일 순천에서 결혼식을 마치고 신혼여행을 떠난 때였다. 마침 제주도에서 살던 고향 친구가 초대했기 때문에 신혼 패키지여행을 신청하지 않고도 제주 여행을 할 수 있었다. 눈이 펑펑 내려 새하얘진 한라산 중턱까지 올라 허리춤까지 눈이 쌓인 설원을 마음껏 뒹굴던 기억이 지금도 생생하다. 그 뒤에도 직장 내 행사나 친구 모임으로 2~3일간이나마 몇 번 제주도에 다녀오긴 했지만 빼어난 자연경관과 입맛 돋우는 먹거리 등 제주만의 문화를 온전히 만끽하지 못한 아쉬움이 항상 남아 있었다. 어떤 사람은 살던 집을 아예 세 놓고 제주도에서 일이 년간 산다는 얘기까지 듣고 나서 언젠가는 제주살이를 꼭 하겠다고 굳게 마음먹었다.

연금공단에서 배정해준 체험 마을은 서귀포 하원마을에 있는 뜨레피아펜션이었다. 2020년 8월 31일부터 10월 30일까지 가을 한 철을 제주에서 보낼 생각에 나와 아내는 일찍부터 마음이 잔뜩 부풀어 올랐다. 지인들에게 파격적인 제주살이 여행 계획을 얘기할 때 그들의 놀라고 부러워하는 눈빛을 보면서 으쓱거렸다. 집에서는 커다란 제주도 지도를 벽에 붙여 가 볼 만한 곳을 찾아 표시하고 꼼꼼히 메모했다. 제주 흑돼지와 통갈치를 시작으로 한식, 일식, 양식 등 종류별 맛집의 위치와 전화번호

이순만

ⓒ 윤석호

리스트를 만들고 각 골프장의 등급과 접근성, 예약 방법을 알아보았다. 친척과 친구들의 초대 일정까지 짜니 두 달이라는 기간도 넉넉하지만은 않은데다 초대한 사람들을 접대할 생각을 하니 기대와 걱정이 교차했다. 비용과 챙겨야 하는 살림살이도 만만치 않았지만 내 인생에서 처음이자 마지막일 기회인 만큼 소중하고 후회 없는 시간을 보내겠다고 마음먹으며 제주도로 향했다.

    숙소 주변에는 몽실몽실한 진녹색 귤들이 익어가고 저 멀리 푸른 바다가 어렴풋이 보였다. 배정받은 방에 들어가니 생각보다 허름한 가구들이 제일 먼저 눈에 들어왔다. 감귤 농사를 겸하고 있는 펜션 주인의 무뚝뚝하고 늙은 모습마저 낡은 펜션과 닮은 듯했다. 숙박비가 비싸지 않았으니 어쩔 수 없으리라 생각했지만 기대가 컸던 만큼 실망도 클 수밖에 없었다. 그렇게 제주에서의 첫날 밤은 그다지 푸르지 않았다.
    제주살이 사흘째 되는 날, 태풍 마이삭이 상륙했다. 방송에서는 온통 태풍에 주의하라는 소리뿐이라 귀가 아플 지경이었으나 나는 예전부터 성난 파도를 한 번쯤 가까이서 보고 싶었기에 태풍이 올라오는 때가 제격일 거라는 은근한 호기심이 발동하였다. 태풍이 제주도에 도착하기 전 중문 대포 주상절리를 찾았다. 절벽에 부딪히는 파도가 가장 멋있을 것 같았기 때문이었다. 태풍으로 인한 입장

통제 때문에 안쪽까지 갈 수는 없었지만, 근처 도로에 차를 세우고 파도치는 바다를 지켜봤다. 주상절리의 높은 절벽보다 훨씬 더 높게 치솟는 물기둥과 아래로 부서지는 하얀 거품은 그야말로 장관이었다. 위험하다며 외출 자체를 반대했던 아내도 그 광경을 함께 보고서는 감탄했을 정도였다.

거센 폭풍우는 내게 짜릿한 카타르시스를 안겨주고 지나갔다. 태풍이 떠난 후 해변 카페에서 바라본 산뜻한 바다는 부서지는 파도가 햇빛을 받아 유리 조각처럼 반짝일 뿐이었다. 문득 이런 생각을 했다. 저 파도의 생명은 어디쯤에서 생겨날까? 끝없이 밀려오는 파도를 유심히 바라보니 어느 파도는 해변까지 채 닿지 못한 채 사라지기도 하고 어느 파도는 서로 부딪혀 가라앉기도 했다. 큼직하고 운 좋은 파도만이 끝까지 남아 해안가의 바윗덩어리를 만나 사랑을 나누게 된다. 파도가 다가오는 먼바다는 푸르다 못해 검은색으로 위엄을 갖추는가 하면 점점 가까워지는 파도는 푸르고 온화해지다가 모래사장에 다다르는 물길은 희뿌옇다. 자연이란 얼마나 아름답고 경이로운가.

집으로 돌아오는 해안도로에서도 윤슬이 눈부셨다. 유튜브에 '은파(Silvery Waves)'를 검색해 볼륨을 높였다. 애디슨 와이먼의 잔잔한 피아노곡이 차 안을 메우고 차창 너머 은은한 파도 소리가 들려오자 옆에 앉은 아내의 표정이 행복하고 만족스러워 보였다. 그때부터 슬슬 제주살이에 재미가 붙었다.

  중문, 성산포 등 제주도의 유명 관광지는 이미 몇 차례 다녀갔기 때문에 이번 제주살이에서는 한 번도 가 본 적 없는 곳을 찾아 나섰다. 우선 서귀포칠십리시공원을 걸어 보았다. 아름다운 풍경 속에 제주의 역사가 녹아든 곳이라고 한다. 이곳은 조선 시대 관료들이 고을을 순찰하며 민생을 살피던 길이었는데 워낙 아름다운 경관인지라 서귀포의 아름다움을 지칭하는 고유명사처럼 불리고 있다. 이곳을 걸으니 남인수의 '서귀포 칠십리'의 가락이 저절로 흥얼흥얼 흘러나왔다. 넓고 울창한 시립공원을 시작으로 올레길 6코스를 따라 정방폭포, 서귀포 칼호텔, 쇠스랑 남천 등 볼거리가 줄을 잇고 칠십리 음식특화거리에서 제주만의 먹거리를 맛볼 수 있었다.

  제주도에 가면 한라산 등반을 많이들 한다지만 우리는 대신 한라산 허리를 휘감는 둘레길을 찾았다. 환상적인 숲길이자 한라산의 생태를 가장 가깝게 체험하는 길이기 때문이었다. 울창한 숲은 벌써 불그스레 단풍이 들기 시작했고 맑고 시원한 물소리가 들리는 계곡도 있었다. 그 근처에서 주먹밥에 좁쌀 막걸리를 한잔하니 신선이 따로 없는 듯했다. 이따금 노루가 뛰어다닐 뿐 인적은 거의 없는 길이었다. 울창한 숲길이 어둑해지는데 걸어도 걸어도 끝이 없어 조금 무서워질 때야 겨우 종점에 이르렀다. 종점에서

이순만

ⓒ 윤석호

버스와 택시를 번갈아 타면서 처음 차를 주차해 둔 법정사까지 갔다. 내 차도 깜깜한 어둠 속에서 벌벌 떨고 있었다.

서귀포에서 9월 한 달을 보내고 있으니 남은 날 동안 각자 원하는 곳에서 자유롭게 시간을 보낼 수 있게 되었다. 우리는 숙소부터 제주시 쪽으로 옮기기로 했다. 한나절 여행 삼아 발품을 팔아 애월항 근처 '제주캐슬'이라는 빌라형 아파트를 구했다. 바다 바로 앞에 있어 시원하게 트인 오션 뷰를 만끽할 수 있다는 점이 가장 마음에 들었다. 거실과 방 두 개가 딸린 24평형 아파트 구조라 생활하기에도 이전의 펜션보다 편리했고 무엇보다 내부가 깔끔해서 아내가 굉장히 좋아했다. 이곳에서 우리의 제주살이 제2막이 시작됐다.

늦은 오후, 새로운 숙소에서 바다를 바라보면 한라산을 넘어온 가을 해가 저물어 가면서 온 바다가 붉은 단풍처럼 물든다. 나와 아내는 베란다의 조그만 티 테이블에 앉아 장필순의 '애월낙조'를 부르곤 했다. 매일 저녁 따끈하게 들이치는 노을빛을 받고, 밤이면 더욱 굵어지는 파도 소리를 들으며 평화로운 일상을 마음껏 만끽했다. 10월이 되자 쾌청하고 새파란 하늘 아래 한라산이 멀리서도 선명하게 보였다. 아내와 함께 애월 첫 나들이로 새별오름에 찾아갔다. 가을을 맞이하기에 적당한 곳이었다. 민둥산처럼 보이는 새별오름에는 은빛 억새가 가득했다. 선선한 가을바람에 억새가 출렁이는 모습이 너무도 환상적이고 아름다워 사진을 찍어 뒀는데, 사진도 실물 못지않게 훌륭해 지금까지도 핸드폰 배경 화면으로 설정해 두었다. 집으로 돌아오는 길목에는 성이시돌목장이 지평선까지 드넓게 펼쳐져 있었다. 성이시돌목장은 1954년 아일랜드 출신 신부가 선교를 위해 제주에 들어와 황무지를 일궈내 만든 곳이라고 하는데 성당, 복지원, 요양원까지 갖춰 꼭 작은 왕국 같았다.

　10월 9일 한글날부터 시작된 연휴에는 자식들이 손주들을 데리고 찾아왔다. 누구보다 반갑고 부담 없는 식구들이라서 숙소에서 편안하게 지냈다. 집 앞바다에 던져둔 통발 속에 쏠종개가 들어갔다며 아이들이 성급하게 잡으려다 지느러미 가시에 쏘여 소동이 일어나기도 했다. 이튿날에는 자식들이 따로 예약한 펜션으로 옮겨 밤늦도록 바비큐 파티를 즐기고 모닥불에 둘러앉아 도란도란 이야기도 나눴다.

　이외에도 칠순을 맞은 누나와 회갑이 된 여동생, 여수와 순천에 사는 친구네 두 가족, 아내의 골프 모임에서 온 세 부부에 이어 서울에 사는 친구네 부부까지 다녀갔다. 이들을 후하게 대접하고 좋은 추억을 안겨 보내면서 두 달 동안의 제주살이를 마무리했다.

　이 여행은 그동안 내가 국내외로 두루 다녀왔던 여느

여행과는 다른 특별한 의미가 있다. 버킷리스트 첫 번째였을 만큼 간절히 꿈꾸던 것을 이루었고, 관광이나 휴양에서 그치지 않고 제주도민의 삶 가까이에서 제주도의 토속 문화를 몸소 체험했다. 제주도를 떠나기 전날 밤은 그 어느 날보다 아름다운 푸른 밤이었다.

사계절 꽃 피는 하늘정원

2000년 9월 아버지께서 지병으로 세상을 떠나시고 어머니께서도 2020년 봄에 아버지 곁으로 가셨다. 평생 고난과 역경 속에서 사셨지만, 오직 자식 사랑으로 이겨내신 부모님께서 이제부터라도 계절 따라 피고 맺는 꽃과 과실들을 즐겨 보시면서 편히 쉬시도록 묘소 주변을 아담한 정원으로 꾸몄다.

두 분을 합장하여 봉분을 하나로 만드니 널찍한 앞마당이 생겼다. 그곳에 우리 오 형제의 상면 장소를 마련했으니 부모님께서도 그리 외롭지는 않으실 것이다. 봉분 뒤편에 반달 모양으로 영산홍과 배롱나무 화단을 만들고 묘소 가장자리엔 자연석을 쌓았다. 그 사이사이 빈 곳에는 철쭉과 백합, 꽃잔디를 심었다. 부모님께서 생전에 키우셨던 큰 감나무를 옮겨 심고 그 주변으로 돌담을 길게 치니 제법 근사한 골격을 갖춘 모습이었다.

정원을 꾸밀 때 돌담을 쌓는 일이 가장 힘들었다. 기계 장비나 기술자의 도움 없이 혼자서 묘소 인근 여기저기 박혀 있는 크고 작은 돌덩이를 캐고 옮겼다. 무거운 돌덩이는 지렛대를 넣어 들어 올렸고, 그렇게 모은 돌들을 하나씩 짜 맞추어 쌓았다. 묘소 주변에는 네모지고 번듯한 돌보다는 길쭉 납작하고 뾰족 삐뚤한 돌이 더 많았다. 크기도 천차만별이었다. 그런 돌들이 모여 담장이 되면서 저마다 꼭 맞는 자리에 알맞게 들어가는 것이 참 신기했다. 그러다 보면 어린 시절 마을에서 석수장이 일을 도맡아 하시던 어르신들이 생각나곤 했다. 땅딸막한 체구의 윤센, 한센 두 어르신은 손발을 척척 맞춰가며 일을 하다가도 새참으로 마신 막걸리에 취기가 오르면 자기가 일을 더 잘한다고 언성을 높이기도 했다.

묘소 입구에 심은 노란 산수유와 개나리가 봄소식을 전해오면 바위틈에 춘란이 꽃대를 쑥쑥 밀어 올린다. 봄볕이 조금 더 따뜻해지면 몽실한 자목련 꽃망울이 터지고 진분홍 꽃잔디가 화사하게 바닥을 덮는다. 조팝나무 가지마다 피어난 하얀 싸라기의 진한 향기 속에서 철쭉과 복사꽃, 모란, 박태기, 자두, 배꽃들이 여기저기서 앞다투어 피어난다. 연둣빛 새순이 초록으로 짙어지면 금계국과 채송화가 초여름을 알리고 빨강, 노랑, 분홍, 흰색의 미니장미가 피어난다. 농막 지붕까지 타고 오른 능소화가 주렁주렁 매달리면 더위가 절정에 이르고 백합, 참나리,

이순만

백일홍이 지면서 가을이 온다. 상사호에 새벽 물안개가
짙게 피어나면 홍단풍 잎사귀가 더욱 붉게 타오른다.
화단에는 프렌치 메리골드, 노랑 코스모스, 맨드라미,
도라지꽃이 피고 늙은 땡감나무의 앙상한 가지에 다닥다닥
붙은 통통한 감이 익어가면서 까치를 비롯한 산새들이
추석을 맞아 배를 불린다. 추석 무렵 산소 안팎을 깔끔하게
벌초할 즈음 잔디밭과 주변 소나무 숲에는 온통 상사화가
벌겋게 피어오른다. 된서리가 내리면 국화가 오상고절을
뽐내면서 겨우살이에 들어간다. 생전에 추위를 많이 타셨던
아버지를 생각하면 긴 겨울 묘소 주변을 황량하게 둘
수는 없었다. 먼나무와 남천을 심어 빨간 열매가 겨울의
냉기를 녹일 화롯불처럼 타오르게 꾸몄고 눈밭에서도 붉게
피어나는 동백나무를 심어 따뜻한 봄의 소식을 가장 먼저
볼 수 있게 했다.

하늘정원을 만들면서 주변 자투리 공터에 조그마한
텃밭을 일궜다. 상추와 열무, 고추, 가지, 오이, 호박 등 각종
채소를 서너 포기씩 심었는데 자급자족을 넘어 이웃들과
나누기에도 충분했다. 수박과 참외, 방울토마토를 심은
쪽은 방학철 손주들의 현장 체험학습장으로 인기였다.
산소를 정원으로 가꾸면서 얻은 가장 값진 것은 몸과
마음의 평온과 건강이다. 화초와 농사에 문외한인 내
손에서도 식물들은 뿌리면 뿌린 대로, 가꾸면 가꾼 만큼

이순만

하늘정원에 피어난 꽃

거짓 없이 자라주고 결실로 보답했다. 자연의 정직함을 배운 것 또한 귀중한 경험이다.

묘소에 앉아 가을 햇살을 받아 반짝이는 상사호의 윤슬을 바라보면 그렇게 평온해질 수가 없다. 명당이라 이르기에 손색없는 곳이다. 요즘에는 이곳 앞을 지나는 차들도 창문을 내리고 천천히 가면서 살펴보는 일이 잦다. 아예 차를 멈추고 찾아와 이것저것 묻고 살피는 경우도 종종 있다. 이럴 때면 훌륭한 땅을 미리 마련하신 아버지의 혜안에 감탄한다. 조만간 입구에 아버지의 호를 딴 '문암쉼터'라는 아담한 표지석을 세울 계획이다. 이곳에서 근처를 오가는 가슴 따뜻한 사람들과 차 한 잔 나누는 여유를 누리며 여생을 보내는 것이 작은 바람이다.

강춘남 姜春男 이야기

나는 1957년 4월 22일 서울 성동구 행당동에서 태어났습니다.

전도자 겸 요양보호사로서 마음의 상처가 깊은 사람들을 찾아가 말씀과 행복을 전하고 있습니다. 사랑하는 남편과 화목한 나날을 보내며 건강을 위해 운동도 하고 있습니다.

가족들에게 보내는 한마디
하나님을 경외하고 주 앞에서 살자.

내 인생의 키워드
말씀, 기도, 전도

나는 행복 전도사

"한 알의 밀이 땅에 떨어져 죽지 아니하면 한 알 그대로 있고 죽으면 많은 열매를 맺느니라" - 요한복음 12:24

이 말씀을 안 후 내 삶은 새롭게 시작되었다.

우리 집은 처음부터 기독교 집안은 아니었다. 종교와는 상관없는 부모님 밑에서, 집안 형편이 좋지 않아 학교 다니는 것도 버거웠다. 그나마 운 좋게 중학교는 강남 8학군이라 불리는 명동에서 다녔다. 명동성당 안에 있는 천주교 미션스쿨인 계성여자중학교를 나왔다. 여기에 다니면서 하나님을 처음 알았다.

이 학교에서 처음 사귄 화영이라는 친구는 모태신앙이었다. 그래서 얼결에 그 친구를 따라 성당에 다니기 시작했다. 그렇다고 하나님을 가슴 깊이 믿는 정도는 아니었고 아침저녁 명동성당에 들어가 내 소원을 비는 정도에 그쳤다.

하루는 화영이네 집에 놀러 갔었다. 그 친구는 나와 달리 제법 부유한 편이었는데, 화영이의 어머니가 나를 따뜻하게 환대해주시고 내 손에 귤 한 알을 꼭 쥐여 주셨다. 지금이야

강춘남

ⓒ 정배영

귤이 흔한 과일이고 하우스 귤도 나오니 사계절 내내 먹을 수 있지만, 그때는 그렇지 않았다. 그 귀한 귤 한 알을 보며 우리 엄마에게서는 느껴본 적 없었던 부드러움과 애정을 느꼈다. 하나님을 믿으면 화영이 어머니처럼 따뜻한 사람이 되는구나, 하는 생각도 들었다. 그 감동으로 나도 모르게 가슴이 뜨거워져 화영이를 따라 영세공부를 시작했다. 나중에 알았지만 세례받기를 원하면 어렵지 않게 받을 수 있는 개신교와 달리 천주교는 세례(영세)받는 절차가 상당히 까다로웠다. 영세공부를 해 시험을 쳐서 통과해야 했고 미성년자일 때는 부모님의 동의도 받아야 했다. 나는 제법 공부를 잘하는 편이었으며 하나님의 말씀을 공부한다는 열의로 시험에 통과하는 것까지는 순탄했다. 그러나 부모님께서는 영세 받는 걸 반대하셨다. 세상을 살아가면서 나는 부모님께 무엇 하나 지지받지 못하는 내 자신을 생각할 때 참 쓸쓸함을 느꼈다. 나는 어린 시절의 상처랄 게 별로 없는 사람인 줄 알았다. 하지만 돌이켜 생각해 보니 마음속 깊은 곳에 억눌려 있었던 구속감이 그 시절부터 쌓여왔던 것 같다.

다행히도 반항심 가득한 청소년처럼 탈선하는 일은 없었다. 아무래도 학군이 좋아 공부에 열중하느라 그랬을 것이다. 어릴 때부터 책을 많이 읽기는 했는데, 터울 많은 언니가 있어 언니가 읽었던 여러 해외 문학을 나도 함께 읽었다. 그래서인지 또래 친구들은 어쩐지 유치하게 느껴졌고 대화가 잘 안 통하는 것 같았다. 또래보다 수녀님들과 가까이 지냈던 것도 그 때문인 것 같다. 나는 책 읽고 공부하는 게 좋았다. 집에 돈이 많거나 가족들과 화목하게 지내는 다른 친구들을 이길 방법은 공부뿐이었다. 고등학교에 가고 싶어도 집안이 가난한 탓에 갈 형편이 도저히 되지 않았다. 그래도 꼭 학교에 다니고 싶어서 직접 학비를 벌기 시작했다. 내가 다른 친구들보다 뛰어난 건 오직 공부뿐이었기 때문에 돈은 많지만, 성적은 낮은 친구들에게 과외를 시켜주면서 학비와 용돈을 벌어 고등학교에 다녔다. 특히 영어를 정말 잘했고 독일어 선생님을 남몰래 좋아하면서 선생님에게 잘 보이고 싶은 마음에 독일어 공부도 참 열심히 했었다. 외교관이 되고 싶다는 꿈을 안고 서울대학교를 목표로 학업에 열중했지만 결국 떨어졌다. 사회 과목 점수가 영 나오지 않은 탓이었다. 이후 자식들을 낳아 기르면서 아이들 공부를 억척스러운 교육열로 시켰던 이유가 나의 학창 시절에 서울대에 가지 못했던 아쉬움이 여전히 남았기 때문이라 생각한다.

 학교를 졸업한 후에는 뚝섬에 사는 사촌 언니와의 계모임을 통해 과외 아르바이트를 시작했다. 그러다 압구정 근처 부동산에 일자리를 얻어 잠깐 일을 했는데, 그곳에서 만난 아주머니가 내가 영어를 잘한다는 걸 아시고 딸의 한국어 과외를 해 달라고 부탁을 받았다. 딸은 미국에서 나고 자라 영어로 소통하는 게 편하다고 했다. 부모님을 따라 한국에 들어온 지 얼마 되지 않아서, 한국어를 읽고 듣는 건 할 수 있어도 말하는 건 아직 서툴렀다. 그 아이에게 한국어를 가르쳐주니 보수가 이전에 하던 과외나 부동산 아르바이트의 몇 배는 되었다. 그렇게 번 과외비로 학원에 다니면서 이것저것 공부했고 돈이 떨어지면 또 과외를 했다.

    그러던 중 한국어 과외를 해주던 아이의 아버지가 회사의 상무이사가 되면서 나에게 경리 자리를 주었다. 낙하산으로 들어가기도 했거니와 주산만 할 줄 알았지, 실업학교를 나온 게 아니어서 일이 쉽지 않았다. 한번은 실수로 장부를 잘못 써서 큰 소동이 나기도 했다. 밤새도록 경리과 동료들과 회사에 남아 사고를 수습하느라 정신이 없었다. 당시 상사가 그날 고생을 많이 했다. 나도 그때 일을 수습하느라 너무도 피로해져서 조만간 일을 그만두겠다고까지 생각했다. 사고를 수습한 후 나는 경리에서 비서로 옮기게 되었다. 오히려 내게는 이날의 사고가 전화위복이 된 셈이었다.

    한동안은 대한항공에 들어가 김포공항에서 일했다. 아무래도 영어를 잘했고 독일어도 할 줄 알았기 때문에 합격할 수 있었던 것 같다. 비행기를 타고 해외에 다니게 될 것을 기대했지만 승무원이 아니라 사무직으로 입사하게 됐다. 항공사에서 일하다 보니 학창 시절 외교관을

강춘남

ⓒ 정배영

꿈꾸었던 내가 떠올랐다. 그 꿈을 아직 버리지 못해 공부를 끝까지 해 보려고 다시 대학 입시 준비를 시작했다. 회사에서도 공부를 지원해주는 제도가 있어 직장 생활을 하면서도 학업을 이어가는 게 가능했다. 그렇게 공부해서 다시 대학 원서를 쓰려는데, 언니 친구의 소개로 한 남자를 만났다. 그가 지금의 남편이 된 사람이었다. 결국 대학 원서를 넣지 않은 이유는 대학에 가지 않는 대신 그와 결혼하기로 했기 때문이었다.

처음 남자를 보러 다방에 갔을 때 구석에 앉아 나를 기다리는 모습을 보고서 첫눈에 반했다. 그와 마주 앉아 이야기를 나누다가 조금 친해져 나중에는 언니 친구네 부부와 함께 놀러 가기도 했다. 즐거운 시간을 보낸 후 집에 돌아왔을 때 언니 친구가 그의 명함을 전달해주었다. 명함을 살펴보니 그가 가진 각종 자격증이 빼곡하게 적혀 있었다. 기술이 있어 스스로 앞가림하며 먹고사는 데는 전혀 문제없을 사람이었다. 나도 그가 마음에 들었지만, 그때는 자존심이 대단했기 때문에, 주선자인 언니 친구 앞에서 찢어버리며 내게 관심 있다면 먼저 전화하라고 전해달라 말했다.

알량한 자존심을 부리던 내 모습을 그도 아마 전해 들었을 것이다. 화가 나거나 실망했을 수도 있었는데 그 남자는 출장으로 서울에 올라올 때마다 나를 만나러

강춘남

ⓒ 정배영

왔다. 나 역시 직장 생활을 했고 밤 열 시면 재깍재깍 집에 들어가 버리느라 교통비에 편도 네 시간을 들여 올라온 게 무색했던 날도 있었을 것이다.

어느덧 나와 그는 편지를 끊임없이 주고받는 사이가 되었다. 그는 정갈하고 단정한 필체로 편지를 써서 우리 집으로 보냈다. 몇 장에 걸친 편지를 읽으면 그가 가진 깊은 생각을 엿볼 수 있었다. 그가 서울에 오면 이곳저곳 돌아다니며 데이트했는데, 하루는 뚝섬유원지에서 배를 타고 놀았다. 그가 노를 젓고 나는 배에 앉아 아름다운 야경을 감상했다. 유원지 한복판에서 노 젓기를 멈춘 그는 경치를 구경하며 노래를 불러주었다. 나는 외우고 있던 나태주의 시 한 편을 낭송했다. 그날의 낭만적인 풍경과 기분은 영영 잊지 못할 것이다.

얼마 후 그가 배에서 지은 시를 편지에 적어 우리 집으로 보냈다. 그 내용을 여기 적어 본다.

달빛[月光]

중천에 달이 뜨니 한강에 어리어
쪽배 띄워 일렁이는 야경이 한가롭다
술잔을 기울여 정담 가득 드리우니
추월만상 아늑함이 꿈과 같구나.

하늘에 성광이냐 강변의 전광이냐
시야에 가득 담은 성화된 야광들이
흐르는 강물에 은빛 되어 춤을 추니
어느덧 삼경이라 술잔들 다 노를 젓네.

    남편은 연애할 적부터 나에게 참 잘해주던 사람이었다. 물론 지금도 마찬가지다. 결혼한 지도 30년이 훌쩍 지났지만, 그 긴 시간 동안 언제나 만난 지 사흘 된 사이처럼 다정하게 구는 남자가 이 세상에 과연 몇이나 되겠는가? 그런 남자와 평생을 행복하게 살 수 있었으니 얼마나 큰 은혜일까. 그렇지만 이토록 좋은 남편을 곁에 두고서도 마음의 공허함과 외로움은 도저히 채워지지 않았다. 남편의 가족들은 불교 신자였고 집안에는 모시는 제사만 12개였다. 시부모님과 형님은 나를 못마땅하게 여겼다. 시댁 식구 중 내 편은 없었고 오직 남편만이 홀대당하는 나를 달래줬다. 그런 남편에게 고맙기도 했지만 서로 다른 종교를 믿기 때문에 어쩔 수 없이 어긋나는 마음과 행동이 안타깝기도 했다. 어릴 적 영세 받지 못하게 막았던 부모님과의 갈등이 결혼 후에도 은근하게 이어지는 모양새였다. 그 시절의 상처가 완전히 아물지 않았기 때문에 마음의 허전함도 채울 수 없었을 것이다.

남편이 진급시험을 앞뒀을 때였다. 중학교 때 공부를 잘하게 해 달라는 소원을 빌었듯이 남편을 성공시키고 싶어서 금식기도까지 했다. 시험 결과가 어떻게 되었는지, 남편은 난데없이 제주도로 발령받고 말았다. 남편이 먼저 제주도로 떠나고 일주일 후 나도 이사짐을 챙겨서 제주도로 이사를 했다. 그런데 막상 처음 가 본 제주도에서의 삶이었지만 살다 보니 제주도의 아름다움에 푹 빠져버렸다. 사실은 결혼할 때 다니던 직장(대한항공)에서 비행기 티켓이 무료로 나왔기 때문에 제주도로 신혼여행을 가고 싶었는데 남편은 아내에게 신세 지고 싶지 않다며 설악산으로 가자고 하는 바람에 제주 신혼여행은 물 건너가고 말았다. 그게 못내 아쉬워서 제주도로 여행이라도 다녀오려고 적금도 들었다. 거의 200만 원쯤 모았는데 그마저도 큰딸에게 피아노를 사주기 위해 적금을 깨버린 지 얼마 되지 않았었는데 갑자기 소원이 이루어져 남편이 제주도로 발령이 난 것이다. 그래서 처음에는 6개월 만에 제주도 구경을 다 하고 다시 뭍으로 나오리라 다짐했지만 결국 6년을 눌러앉아 지냈다.

    제주도에 자리를 잡고 처음 했던 일은 제주 생활 중 다닐 교회를 정하는 것이었다. 규모가 크고 사람도 많은 교회에 다니면서 조용하고 성실하게 신앙생활을 하고 싶었는데, 이런저런 여건 때문에 작은 교회를 다니게 되었다. 그래도 신도들끼리 화목한 분위기라서 나도 금방 적응해 어울릴

수 있었다. 가깝게 지낸 세 부부와는 누군가의 생일이
있는 달이면 생일파티를 하고 놀았다. 이들과 함께 다니며
제주도의 유명 관광지를 다 돌아보았다. 육지에서 지인들이
찾아오면 그때 쏘다녔던 기억을 되살려 좋았던 곳에
데려가기도 하고 선물도 잘 챙겨 보냈다.

   시아버지의 회갑 잔치도 제주도에서 했었다. 시부모님이
제주에 오셨을 때는 교회에 나가지 못했다. 나는 시가의
열두 개나 되는 제사를 함께 지내지 않았고 시아버지가
좋아하는 술·담배를 대접해드리지 않아서 그런지
시부모님에게 사랑받지 못했다. 그렇지만 며느리 된
도리를 지켜야 하니 회갑을 맞아 아름다운 제주까지 오신
시부모님을 극진히 모시려 애썼다. 그때 우리 집에는
전기밥솥도 없었다. 시부모님을 포함해 일가친척들이
모두 우리 집으로 오니 먹거리를 전부 사는 건 너무
부담스러웠고 어느 정도는 직접 만들어야만 했다. 여러
식구가 먹을 밥도 그냥 하자니, 시간도 오래 걸리고 품이
많이 들었다. 그래서 근처 횟집에 얘기해 업장에서 쓰는
전기밥솥을 하나 빌려 왔다. 그 사실을 알게 된 시아버지가
다시 뭍으로 돌아가는 날 내게 말했다.

   "화장대 서랍에 용돈 좀 넣어 뒀으니 그걸로 밥솥이나
하나 사라."

   시부모님을 배웅해 드린 후 집에 와서 확인해 보니 15만
원이 든 봉투가 있었다. 시부모님에게는 결혼하고 한 번도

강춘남

그런 호의를 받아본 적이 없었다. 나의 정성에 감응해 마음을 돌린 것이었다. 시아버지는 그날 이후로 예수를 믿고 교회에 다니기로 약속하셨다. 가족 중 유일한 개신교 신자였던 내가, 다른 사람과는 다르다고 느껴져서 믿어 보기로 했다고 전했다. 마치 내가 화영이의 어머니를 보며 하나님의 사랑을 느꼈던 것처럼 시아버지도 나를 보고 같은 마음을 가졌던 것 같다.

여름이면 남편의 회사에서 해수욕장에 큰 천막을 치고 피서지를 조성해주었다. 나와 아이들은 그곳에서 조개를 주우러 다니고 해수욕도 즐겼다. 아이들 모두에게 수영도 가르쳐서 다들 바다에서 신나게 헤엄치며 놀았다. 한라산도 계절마다 다녀왔고 회사에서 하는 부부 초청 잔치에도 가서 행복한 시간을 보냈다. 제주도에서 보낸 6년은 나에게도 아이들에게도 귀중한 시간이었다. 특히 우리 딸들은 제주도의 자연 속에서 감수성을 풍부하게 기를 수 있었고, 가족 같은 교회 분위기 속에서 끈끈한 공동체 의식을 다질 수 있었다.

무엇보다 내 삶에 있어 결코 잊을 수 없는 일이 제주도에 있을 때 일어났다. 이곳에서 오래 살기로 마음먹고 보다 편한 집으로 이사하기로 했다. 이사하는 날, 귤 농사와 사업을 하던 교회 성도들이 1톤 트럭을 끌고 와 이삿짐을 다 나르며 일손을 보탰다. 농사와 사업을 겸하는 사람들이라 하루하루 일을 빼먹을 수가 없는데도 우리

강춘남

결혼 30주년 복음으로 새로 시작하는 부부의 행복

가족의 일을 제 일처럼 나서서 도와준 것이다. 어찌나 고마웠는지 모른다. 다른 사람의 선의를 그냥 받지 못하는 남편은 그들에게 식사를 대접하고 그들이 다니는 교회 하나하나 찾아가 인사했다. 그러면서 남편도 자연스레 교회에 다니기 시작했다. 드디어 남편과 영적으로도 하나가 된 것이었다.

6년 후에는 광주로 와 계림동에서 자리를 잡고 지금까지 살고 있다. 아이들은 학원, 과외 없이 학창 시절을 보냈는데 집안에서 공부하는 분위기를 만들려고 부단히 노력했다. 학부모를 대상으로 하는 학습지를 통해 아이들 학교 진도보다 한 학기 앞서서 전 과목을 공부했다. 그러자 아이들은 제 엄마가 학교 공부를 다 알고 있다는 데에 자극받았는지 스스로 열심히 공부하는 모습을 보여줬다. 또 평생교육원 사회복지학과에 들어가 상담 공부도 하고 사회복지사 자격증을 땄다. 어떤 사람은 자기의 전문성을 가지고 오롯이 자신의 인생을 산다. 남편 같은 사람 말이다. 반면 나는 내가 속한 공동체를 위해 그 한 부분을 맡아 살아왔다. 사람이라면 누구나 공동체에 소속되기 마련이지만 나는 '강춘남'이라는 나 자신보다 '한 남자의 아내', '세 딸의 어머니', '교회 신도'로 살아왔다. 그것이 나쁘다고 생각하지는 않았다. 하지만 결혼 30주년을 맞이하고 또 자식들이 슬슬 사회에 나가면서 나 역시 나의 인생을 살아 보고 싶다는 욕심이 조금씩 조금씩 생겨났다.
　다행히 남편은 나의 도전을 언제나 응원해주었다. 남편 덕분에 늦게나마 사회복지학과에 다닐 수 있었고, 여러 자격증을 딸 수도 있었다. 그렇게 딴 자격증 중 지금도 유용하게 쓰고 있는 것이 요양보호사 자격증이다. 자격증을 따고 나서 한동안은 여러 복지관에서 봉사활동을 하고 있다. 삼십 년 동안 남편의 수익에만 기대어 가정을 알뜰하게 꾸리는 데 바빴는데, 비로소 나의 수입이 생기니 마음이 뿌듯했다. 그렇게 돈 버는 재미가 들려 일자리를 알아보러 다니곤 했다. 한번은 동구에 있는 노인복지관에 무작정 찾아가 요양보호사를 시켜 달라고 했었다. 관계자가 요양보호사 일을 한 적 있냐고 묻길래 일해 본 적은 없지만, 자격증은 있고 복지관에서 봉사활동을 다닌 이력도 있다고 했다. 그날부로 복지관에서 일을 시작했다. 나는 정식 채용이 아니고 무작정 일하고 싶어 찾아간 터라 주간보호사로 일할 수는 없었다. 대신 새로운 일자리를 하나 만들어 비슷한 일을 할 수 있도록 해주었다. 그러던 중 국장이 교회에 다니는 사람이라는 사실을 알아 가까워졌다. 그는 내가 이력서 쓰는 걸 도와주고 원장에게 직접 전달해주었다. 원장도 교회에 다니는 사람이라 서로 마음이 통하는 부분이 있었다. 원장은 당장 일자리는 없으나 자리가 나오는 대로 주간보호사를 시켜줄 테니 열심히 일해 보라고 했다. 얼마 지나지 않아 가정방문

눈이 쌓인 무등산에서 남편 등에 업혀 느낀 따쓰함

보호사로서 마음속 깊은 상처를 받은 노인들에게 복음을 전하며 치유해줄 기회를 얻었다. 나는 나의 상처를 발판 삼아 다른 사람들을 지지해주고 그들을 행복하게 만들어 줄 수 있는, 하나의 밀알이 된 것이다.

전에 시어머니가 아팠을 때 가족들이 직접 모시고 있었다. 양산동 고모들이 모셨는데 직장생활을 하고 있는 터라 매일 모시기가 힘들다고 했다. 마침 내게 요양보호사 자격증이 있으니 나보고 간병하라며 떠넘겼다. 시어머니는 몸이 안 좋아서 병원에 입원해야 할 지경이었다. 시어머니는 평생을 12개 제사를 매년 지냈다. 성경에서 말씀하신 대로 우상숭배의 결과이다. 그 때문에 육신의 질고보다는 영적인 문제에 시달리는 것이다. 성경 계시록 14장에 보면 우상에게 경배하는 자는 누구든지 밤낮으로 쉼을 얻지 못한다고 적시하고 있다 그러다 보니 환청이 들리고 환각에 시달렸다. 내가 아무리 복음을 전하려 해도 시어머니는 쉽사리 들어주지 않았다. 하지만 포기하지 않고 이번에도 하나님을 꼭 믿어 보라고 간곡하게 말씀드렸다. 지금까지 하나님을 떠나서 그런 거니 구원받고 하나님께 모든 것을 맡기면 분명히 좋아질 거라고 하며 함께 기도드렸다. 다음 날 아침, 시어머니는 아주 오랜만에 깊이 자고 일어났다고 했다. 약으로는 치유할 수 없는 마음의 병을 하나님의 영으로 해결되는 과정이었다. 그 시절 남편은 교회 장로였다. 제주도에서 복음을 깨달은 후 믿음으로 신앙생활을 성실하게 정진한 결과였다. 그 사실을 시어머니에게 말씀드리며 교회에 가면 모두가 시어머니를 환대할 거라고 얘기했다. 아들이 그런 자리에 있다고 하자 그제야 마음이 열리는 듯 교회에 데리고 가 달라고 하셨다. 거동조차 불편한 시어머니를 업고 농성동에 있는 교회까지 모셔다드렸다. 신도들은 장로의 어머니라고 하니 다들 반갑게 맞이해주고 시어머니를 위해 기도했다. 나와 시어머니도 함께 기도실에 들어가 기도하고 돌아왔다. 그렇게 시어머니의 병세에 차도가 생겼다. 구원받고 나니 마음이 평안하다고 했다. 그런데도 시어머니는 제사가 있는 날이면 제사를 지내러 시골에 다녀오곤 했다. 평생 몸에 밴 습관과 머리에 각인된 생각은 하루아침에 달라질 수 있는 게 아니었다.

 남편이 정년퇴직하면서 처음으로 둘만의 해외여행을 준비했다. 물론 전에 교회 선교팀과 함께 홍콩 캠프에 다녀온 적이 있긴 했다. 불빛 찬란한 홍콩의 밤거리를 돌아다니면서 행복한 시간을 보냈고, 남편이 백금 다이야 목걸이를 선물해줘서 무척이나 행복했다. 하지만 남편과 둘이 가는 여행은 이번이 처음이었다. 중국 패키지여행을 알아보고 여행 준비를 하는 과정부터 들떠 있었다. 그런데 출국 전날 시어머니가 위독하다고 연락이 왔다. 남편은 그 소식을 듣고 고민에 빠졌다. 병세가 깊어진 어머니를 두고 여행을 다녀오기에는 마음 편히 놀다 오지 못할 것 같았고,

그렇다고 여행을 취소하자니 당장 출국 전날이었다. 고민하던 남편에게 말했다. 사는 것도 죽는 것도 하나님 손에 달렸다. 나는 사십 년 넘도록 시어머니에게 핍박받고 살았는데, 이 여행마저 시어머니 때문에 포기해야 한다면 내가 두고두고 후회할 것 같다. 그 길로 시어머니가 있는 병원에 가서 병상에 누운 시어머니의 병환을 보니 그렇게 위중한 상태는 아닌 것으로 판단하고 여행사를 통해서 한 달 전부터 예약된 중국여행을 계획대로 다녀오기로 결심했다. 한국을 떠나는 순간부터 외국여행 중에 시어머니가 돌아가시면 어쩌지 하는 걱정도 있었지만 시어머니의 운명을 하나님께 맡기고 비행기에 몸을 실었다. 그렇게 고민하다 온 여행에서 무엇보다도 소중하고 뜻 깊은 여행이 되리라 생각했다. 그래서 남편과 함께 많이 웃고 신나게 놀고 마음속에 행복을 가득 담아 귀국했다. 한국에 도착하자마자 시어머니께서 입원하신 병실에 가 보았는데 생각보다 양호한 상태로 우리를 맞이했다. 그 순간 하나님께서 우리 부부가 여행에서 돌아올 때까지 시어머니의 생명을 연장시켜 주신 것에 감사했다. 시어머님이야말로 하나님의 증인이라 생각했다. 사십여 년에 걸친 시어머니와 나의 갈등은 그날 이후로 스르르 녹아내렸다. 그제야 시어머니도 나의 마음을 알아주셨다. 그날 요양병원에서 시어머니와 화해한 후 함께 예배를 드렸다. 요양병원 병실 사람들과 요양보호사에게도 감사의

강춘남

마음을 전한 후 병원을 떠났다. 광주 집에 도착 후 얼마 안 있어 시어머니가 임종하셨다는 연락을 받았다. 하나님의 은혜로 아들과 며느리의 얼굴을 보시고 돌아가신 것을 보고 감사했다. 고난이었던 삶의 끝에서 하나님을 알고 하나님의 자녀가 되었으니 시어머니도 믿음으로 하나님 계신 천국으로 가신 것이다.

　내 삶은 아직 끝나지 않았다. 최근 나는 앞으로의 삶을 어떻게 꾸려나갈지 고민하며 지낸다. 지금처럼 전도만 하며 살 것인지, 사회에 나가 새로운 세상을 맛볼 것인지. 지금처럼 사는 것도 나쁘지 않겠지만 내가 모르는 세상에 대한 궁금증도 있는 건 사실이다. 남편은 세상을 잘 알아서 내가 무언가를 해 보려고 하면 적극적으로 지지해주지만 나는 아직도 세상을 모른다. 어릴 때부터 지금까지 나의 세상은 오직 가족과 교회였을 뿐, 그 밖의 사회는 내가 모르는 분야다. 그래서 나는 내가 상처를 받았는지 받지 않았는지조차 잘 모르고 평생을 살아왔다. 이 글을 쓰기 위해 나의 삶을 되돌아보면서 알았다. 내게도 어린 시절 남몰래 참아온 상처가 있었고, 그 상처를 하나님과 남편이 돌봐주었다. 남편이 성실하고 묵묵히 가정을 잘 지켜준 덕에 지금의 내가 있음을 생각해 본다.

　오늘은 명절을 맞이하여 모처럼 서울에서 큰딸 내외와

강춘남

큰딸네 가족, 둘째, 막내와 남해에서

둘째 그리고 통영에서 막네딸이 광주에 내려와 함께하는 날이다. 우리는 함께 겨울바다를 구경하기로 계획하고 남해로 떠났다. 겨울바다를 보는 것도 신나는 일정이지만 가족이 한자리에 모여 정담을 나누며 남해 독일마을 그리고 다랭이 마을 등을 둘러보면서 행복한 하루를 보냈다.

문뜩 이런 생각이 든다 세 딸들을 키우면서 한번도 가 보지 못한 부모의 길을 걸어가면서 시행착오를 겪는 일도 많았다. 소중한 딸들을 나름대로 정성으로 키웠지만 쏟는 정성이 모든 것인 줄로만 알았으나 이제야 깨닫는다. 부모도 완전한 사람은 아니고 그래서 부모의 사랑만으로는 채워지지 않는 부분이 있을 것이다. 그것은 눈에 보이지 않는 영적인 공허함이다. 아이들이 그 허전함과 부모로부터 받은 상처를 하나님을 통해 믿음에 굳게 서서 채우고 치유하기를 바란다. "믿음은 바라는 것들의 실상이요 보지 못한 것들의 증거"로 나타난다고 했다 모든 것이 하나님의 은혜이니, 성령으로 충만함 갖고 자신을 돌보고 또 주변의 연약한 사람들을 섬기면서 하나님의 사랑을 나누는 사람이 되는 게 나의 유일한 소망이다.

정인규 鄭仁圭 이야기

나는 함평군 월야면 용월리
31번지에서 1950년 6월 6일에
태어났습니다.

구름이 흘러가는 것도 자연의 이치다.
어찌 인간이 자연을 거스르고 살아갈
수 있겠는가? 자연에 순응하며
살아간다면 더는 부러울 게 없을
것이다.

가족에게 보내는 한마디
모든 일은 타협하면서 살아라. 돈키호테식은 안 된다.

가장 좋아하는 말
가화만사성(家和萬事成)

안잔골에서

나는 1950년에 전라남도 함평군의 자그마한 농촌 마을 안잔골에서 태어났다. 6·25 전쟁으로 아버지를 여의고 엄마, 형과 함께 셋이 어린 시절을 보냈다. 집과 작은 전답이 있었으나 부유하지는 않았다. 나보다 네 살 많은 형은 큰집에 가서 사촌 형들과도 놀고 마을 아이들도 사귀었다. 혼자 남은 나는 자연스레 엄마의 껌딱지가 되었다. 나산장에 가다가 징검다리에 빠지기도 하고, 엄마가 가는 곳이면 어디든 따라가던 나날이 추억으로 남았다.

수학여행

초등학교 6학년 때의 일이다. 학교에서 불국사로 수학여행을 간다고 했다. 엄마는 돈이 없으니 가지 말라고 해서 포기했는데, 형이 엄마를 설득해서 겨우 허락을 받아냈다. 시장에 가서 운동화를 사 오라는 말을 들었다. 얼마나 기뻤는지 모른다. 엄마가 준 돈을 들고 시장으로 펄쩍펄쩍 뛰어갔다. 그런데 동네 어귀를 돌아가다가 그만 주저앉고 말았다. 하굣길에도 배탈 나는 일이 종종 있었다. 그럴 때면 엄마가 업어 가곤 했는데, 그날도 도졌던 것

정인규

칠순

같다. 나를 본 사람들이 엄마를 불러왔다. 엄마 등에 업혀서 겨우 집까지 갔다.

마침 군대에서 휴가를 나온 당숙이 월야보건소에 데려다줬다. 병명은 탈장이었고, 수술이 필요하다는 진단을 받았다. 원장은 진통제로 응급처치만 해주고, 내일 아침에 송정으로 나오라며 싸이카(오토바이)를 타고 가버렸다. 이튿날 버스를 타고 나와 송정리 김외과에서 수술받았다. 하필 다음 날이 수학여행 가는 날이었다. 역에서 기적 소리가 울리자, 수학여행 가는 열차가 아닌가 싶어 씁쓰레한 기분이 들었다. 병원비가 너무 많이 나와 잔등에 있던 밭 한 두락을 팔았다. 나는 그해 중학교 진학을 포기할 수밖에 없었다. 1년 동안 어영부영 놀다가, 다음 해에 중학교에 진학했다.

중학교 2학년 어느 토요일이었다. 학교 끝나고 집에 돌아오니 엄마가 남겨두신 메모가 보였다. 점심 먹고 나서 지게를 지고 충청골로 오라는 내용이었다. 내 병원비 때문에 밭을 팔아버린 엄마는 저 멀리 충청골에 있는 남의 땅을 빌려서 고구마 농사를 짓고 있었다. 그날이 고구마를 수확하는 날이었다. 집에서 충청골까지는 약 2km 정도고, 중간에 무척 높은 산이 있었다. 엄마의 말씀이라서 아무 소리도 못 하고 세 번씩이나 산을 넘고 나니 고구마에 대한 정이 뚝 떨어졌다. 그날 얼마나 힘들었는지, 지금도 고구마라면 쳐다보지도 않는다.

정인규

ⓒ 송은별

새싹회

> 봄 동산에 피는 꽃도~ 이름답지~ 만
> 무럭무럭 자라나는 어린 우리는~
> 그~ 보다도 더욱더욱 귀~여웁단다
> 우리들은 자라~나~는 안잔골 새싹

아직도 새싹회 노래가 귓가에 생생하다. 새싹회는 농촌이 황폐했던 1960년대에 서울, 광주 등지에서 젊음을 불사르며 공부하던 마을 형님들이 귀향해서 만든 어린이 단체이다. 방학이면 못다 한 공부를 가르쳐 주고, 평상시에는 오락도 했다. 우리 마을만의 특색 있는 단체라고 생각한다. 어린이들의 동심을 사로잡았던 초창기 형님들이 다시 생활전선으로 떠난 후에도 마을은 새싹회를 유지했다. 중·고등학교를 졸업하면 마을에서 공부나 취업 준비를 하며 새싹회에서 활동하는 게 준례가 되었다. 나도 새싹회였다. 중간에는 회장 할 사람이 너무 많아서 선거가 필요할 지경이었다. 기록이 없어서 아쉽지만, 내가 기억하는 이름이라도 남겨 본다. 초기에 윤옥중, 정창규, 정충웅 씨 등이 했다. 이어서 정정연, 정금규, 정상규 씨가 했다. 세대가 바뀌어 우리 차례가 되어 정귀섭, 정운연, 정대연 씨 등이 새싹회를 이어갔다. 낮에는 열심히 자기 일을 하고, 밤이면 모여서 토론이나 오락도 하며 마을의 발전을 위해 노력했다. 일요일 아침이면 다 함께 마을 안길을 깨끗이 쓸었다. 학생들은 앞샘 청소를 한 번도 빠지지 않고 했다. 길을 열심히 갈고 닦았으나, 나의 고향 탈출과 함께 새싹회는 종점에 다다른 듯하다. 지금도 새싹회를 생각하면 무수한 추억이 떠오른다.

새마을운동의 함성이 오지 중의 오지인 우리 마을에도 울려 퍼졌다. 좁은 길을 넓히느라 우리 집 부엌 문짝 뒤에 있는 조왕신 감나무를 베고 할머니의 원망스러운 눈빛을 봤다. 바우배기를 밤에 깎아 내리다가, 동네를 지켜주는 맥을 자른다며 어르신들에게 쫓기기도 했다. 우리는 노는 땅을 없애기 위해서 동네에 있는 작은 밭을 개간했다. 그곳에 참깨, 고구마 등을 심어 형편이 곤란한 사람을 도와주었다. 또 마을 어르신들의 도움으로 조그마한 운동장을 만들어 재건체조를 했다. 운동장이 생기니 추석이면 마을 돕기 행사를 겸해 마을 단위의 윷놀이나 배구대회도 벌일 수 있었다. 뿌듯했다. 어린 우리도 뭉치면 큰 힘이 된다는 것을 그때 알았다.

오지인 우리 마을에 처음 전기가 들어왔을 때, 형수님과 엄마가 220볼트 전기에 100볼트짜리 TV를 잘못 꽂는 바람에 많은 수리 비용을 지급한 기억도 있다. 봄여름에 키운 누에로 엄마와 함께 돗자리를 열심히 짰다. 일하다 보니 자연히 돈이 축적되었다. 해마다 땅을 샀다. 돌이켜 보면 이때가 우리 집의 전성기였던 것 같다. 살림이 어느 정도 나아지니 못다 한 공부를 해야겠다는 생각이 들었다. 형님은 광주제일고등학교에, 나는 광주고등학교에 들어갔다. 열심히 일하고 성실히 공부해서 무사히 졸업했다. 그 후로 형님은 9급 공무원 시험에 합격하여 월야면사무소에 출근했다. 나는 1975년에 형님의 도움으로 경운기를 샀다. 경운기는 마을 사람들의 소원이었던 회관을 건립하는 데에 일조했다.

지금은 고향을 떠난 지 어언 30여 년이 다 되어버렸으니, 옛날의 그 추억은 흔적도 사라져버렸다. 1970년대의 안잔골 새싹 회원들은 지금 어디에서 무얼 하고 있을까. 어떻게 변했는지 궁금하다. 생활전선에 나가 부모가 되었어도 한번 다시 모여 새마을운동 노래를 불러볼 기회가 오면 좋겠다.

새벽종이 울렸네. 새 아침이 밝았네. 우리 모두 일어나. 새마을을 가꾸세.

가뭄

1968년 봄을 잊을 수 없다. 지독한 가뭄이 시작되었기 때문이다. 봄부터 비라곤 한 방울도 내리지 않았다. 오수산에 올라가 묘도 파 보고 용바위도 손봤는데,

소용없었다. 이대로라면 농사를 지을 수 없었다. 마을 사람들이 식수로 이용하던 앞샘도 말라버렸다. 사람들은 각자 샘을 파기 시작했다. 옆집 사람이 10자를 파고 물을 얻었다는 이야기를 들었다. 나도 집 뒤에 습한 곳을 골라 샘을 팠다. 20여 자를 파고 들어가도 물이 보이지 않았다. 땅속의 농간일까? 뾰족한 수가 없었다. 샘을 전문적으로 판다는 샘쟁이를 불렀다. 샘쟁이가 그곳에는 물길이 없다며 반대편을 가리키더니, 이곳에서 이만큼 파고도 물을 보지 못하면 품삯을 받지 않겠다고 말했다. 별수 없이 샘쟁이가 가리킨 곳을 3일 동안 팠다. 물이 한 방울씩 보였다. 하루를 더 고생하여 작두샘을 설치했다.

　식수를 해결했으니, 다음은 농업용수였다. 못자리가 말라 가고 있었다. 수문 핸들을 잃어버려서 저수지 물을 뺄 수 없었다. 온 동네를 돌아 겨우 핸들을 찾아서 물을 뺐다. 덕분에 못자리에 물을 대고, 모를 길렀다. 문제는 논이었다. 쩍쩍 갈라지는 논을 보다 못한 나는 직접 바닥을 파보기로 했다. 여기저기를 파다 보니 물이 고일 기미가 보였다. 지푸라기라도 잡는 심정으로 모 폭을 들어내 샘을 팠다. 2m쯤 들어가니 하얀 모래층이 나오면서 물이 콸콸 쏟아졌다. 만세를 불렀다. 그러나 모래층이 아주 얕았기 때문에 충분한 양의 물을 기대하기는 힘들었다. 5평 정도의 샘으로 4두락의 벼를 관리한다는 것은 어림도 없는 일이다. 아침저녁으로 어머니와 함께 물을 퍼 나를 수밖에 없었다.

시간 나는 대로 물을 떠다가 식금(논에 금이 가 있는 곳에 물을 채워 주는 일)을 하는 게 우리 식구가 할 수 있는 유일한 일이었다. 맥락(논이 말라 논바닥이 하얗게 되는 현상)은 피지 않았다. 애쓴 덕에 우리는 남들보다 나은 수확을 할 수 있었다. 그 후로도 벼를 베어 탈곡이 끝나는 순간까지 비는 한 방울도 구경하지 못했다. 가뭄이 2년째 이어지자 더 이상의 농사는 무리라는 결론을 내렸다. 1969년 2월 19일, 나는 결국 새로운 삶의 터전을 찾아 서울로 향했다. 내 나이 스무 살이었다.

서울로, 서울로

상경해 자리를 잡은 D를 따라 또 다른 고향 친구 R과 서울행 열차에 몸을 실었다. 사촌 G 형님의 이불 장사를 도와드리기로 했기 때문이다. 완행열차가 점점 고향 땅에서 멀어지며 서울로, 서울로 느린 바퀴를 돌렸다. 14시간이 지나서야 경기도 시흥역에 도착했다. 새벽 4~5시쯤이었다. 한참을 걸어서 B 아저씨네 집에 도착했는데, 새벽이라서 문을 두드릴 수 없었다. 그때까지만 해도 시흥은 변두리 중의 변두리였다. 마땅히 묵을 곳이 없었다. 집에서 사람이 나오기를 기다려야 했다. 그제야 D가 왜 열차에서 충분히 자두라고 했는지 알 수 있었다.

"이제 일어날 시간이 됐는데" 하며 D가 문을 사알사알 두드리니 자그마한 꼬마가 눈을 비비며 문을 열어주었다. 알고 보니 이 꼬마는 월야 돌고개에 살던 아는 아저씨의 딸로, 나와 동항(同行)이었다. D가 한숨 자야겠다며 2층 방으로 올라가더니, 이내 고개를 저으며 내려왔다. 물건이 많이 쌓여 있으니 여기서 난로를 피우고 쉬자는 얘기였다. 난로 앞에서 언 몸을 녹이니 좀 살 것 같았다. 곧 B 아저씨가 일어나서 인사를 드리고 아침을 먹었다. 할 일도 없어 G 형님이 오시기만을 무작정 기다릴 수밖에 없었다.

　기다리던 G 형님이 오셨다. 형님을 따라 옆 이불집 형님들께 인사 다니다 보니 저녁이 되었다. G 형님은 아직 잠자리가 준비되지 않았으니 당분간 D와 숙식을 같이하면서 장사하는 법을 배우라 하고는 가 버리셨다. 드디어 잠잘 시간이었다. 일을 한 건 아니었지만 잠이 그리웠다. 그런데 D가 저녁밥을 먹고도 방에 들어가려 하지 않았다. 한번 들어가면 몸을 좌우로 돌릴 수도 없고 들어간 그대로 누울 수밖에 없는 방이었기 때문이다. 고개를 들 수도 없고, 반듯이 누운 대로 잠을 청했다. 그야말로 서민들의 애환이 담긴 상경 첫날밤이었다.

동대문 지하도

　　G 형님과 가리봉동에 자리 잡고 본격적으로 사업을 준비했다. 서울에 온 지 15일쯤 지났을 때, G 형님이 동대문에 가자고 하셨다. 동대문 창신동에는 중부님이 살고 계셨는데, 마침 그날이 증조할아버지 제삿날이었다. 가서 보니 M 당숙과 동산리 고모님도 계셨다. 제사를 모시고 이튿날 아침 식사를 마치자, 고모님이 불쑥 뚝섬에 데려다 달라고 말을 걸어오셨다. M 당숙이 같이 모셔다드리자고 하기에 따라나섰다. 마침 심심하던 참이었다. 뚝섬에 고모님을 내려드린 뒤, 버스를 타고 다시 동대문으로 갔다. 당시 동대문에는 청량리와 연결된 조그만 지하도가 하나 있었다.

　　동대문에 내려서 지하도를 끼고 골목길을 한참 걷는데 집이 안 나왔다. "웬일이지?" M 당숙과 나는 다시 지하도를 끼고 버스 정류장으로 돌아갔다. "우리가 여기서 내렸지?" "맞아요." 다른 골목이 있는지 확인하며 다시 지하도를 끼고 걸었다. 하지만 이번에도 집을 찾을 수 없었다. 하는 수 없이 도시에서 길을 잃으면 택시를 타라는 말을 따랐다. "아저씨, 동대문으로 갑시다." 택시는 휘잉 달려 금방 동대문에 도착했다. 택시에서 내려 다시 지하도를 끼고 한참을 걷다 보니 아까 봤던 풍경이 그대로 펼쳐졌다. 또다시 택시를 타고 "아저씨, 동대문으로 갑시다."라고 하자, "저것이 동대문이오."라는 대답이 돌아왔다. 별수 없었던 우리는 막무가내로 택시를 출발시켰다. 택시는 1분도 안 가서 우리를 내려놓고 휘잉 가 버렸다. 우리가 처음 버스에서 내린 그 자리였다. 난감했다. 공중전화를 찾아 집에 전화를 걸었다. 전화를 받은 막내는 거기서 골목으로 들어오면 된다고 말했다. 나는 그래도 나와 달라고 부탁했다. 수화기를 놓고 나오기도 전에 막내를 만났다. 막내는 지하도를 끼지 않고, 바로 반대편 골목으로 들어갔다.

그제야 기억이 돌아왔다. 당시는 남쪽과 북쪽에 동대문 정류장이 하나씩 있었다. 우리는 대부분 서울역 쪽에서 버스를 탔고, 늘 북쪽 동대문 정류장에서 내렸다. 거기서는 지하도를 끼고 가야 집이 나왔다. 그러나 뚝섬은 서울역과 반대편이었고, 우린 남쪽 동대문 정류장에서 내렸다. 지하도를 끼지 않아야 집에 돌아갈 수 있었다. 아직 서울 지리에 적응되지 않았을 때라 이런 일로 애를 먹곤 했다.

또 한 병!

1971년 여름, Y 아저씨와 E 아저씨도 상경해 이불 행상 일을 하게 되었다. 농사가 소득이 너무 적다는 결론이 났기 때문이다. 우리는 팔아야 할 이불을 메고 돌아다니다가

시간이 나면 동네 사랑방과 다름없는 가게에서 바둑을 뒀다. 시골에서 어느 정도 먹고 사는 사람들이었기 때문일까? 팔리면 팔고 아니면 말고, 될 대로 되라는 식이었다.

그러던 어느 날 E 아저씨가 우리보다 먼저 상경한 사람 U 씨네 집 주소를 가져와 어디인지를 물었다. 나도 잘 몰라서 G 형님에게 여쭈었더니 자세한 설명을 들을 수 있었다. 날씨가 더우니 장사도 잘 안됐다. 우리는 U 씨네 집이나 가자며 길을 나섰다. 지금이라면 강북을 넘지 않고도 갈 수 있겠지만, 그 당시에는 배를 타고 한강을 건너야만 청담동에 도착할 수 있었다. 버스를 타고 동대문운동장 앞에 가서 다시 버스를 타고 한강에 도달해 배를 탔다. 당시 한강에는 영동대교가 가설 중이었다. 커다란 크레인이 노깡('토관'의 일본 말) 속으로 바가지를 넣어 모래를 퍼내면 노깡이 조금씩 내려가는 광경이 보였다.

한강을 건넌 우리는 목이 말라 슈퍼부터 찾았다. 그땐 소주 회사에서 두꺼비 그림이 그려진 뚜껑을 뽑으면 한 병 더 제공하는 행사를 했다. 한 병 가져다가 무심코 뚜껑을 따는데, 두꺼비 그림과 함께 '또 한 병'이라는 문구가 보였다. 나도 몰래 큰 소리를 지르고 말았다. 사소한 일에도 당첨된 역사가 없었기 때문이다. "아저씨, 또 한 병!" 소주 한 병을 마시고 또 한 병을 받았다. 이번에는 Y 아저씨가 뚜껑을 땄다. 두꺼비가 또 나왔다. Y 아저씨가 흥분해서

정인규

ⓒ 송은별

"형님, 또 한 병!"하고 외치는 게 아닌가? 아무튼, 서울에 온 뒤로 이렇게 기분 좋은 날이 없었다. 한 병 값으로 세 병을 마셨으니, 이 기쁨을 무엇과 바꿀 수 있단 말인가? 청담동에서의 일은 '또 한 병' 외에는 모두 희미할 뿐이다.

신림동 이불 장사

1970년, 서울 관악구 신림동에서 생활하던 어느 봄날이었다. 이불 장사를 확장해 가고 있었다. K 형님은 수금 다니며 주문받고 H, M과 나는 이불을 만들어 어깨에 메고 다니며 장사를 했다. 돌아다니다 집에 와서 점심을 먹는데, 갑자기 K 형님이 아주 기분 좋은 얼굴로 들어왔다. 이불계를 하나 맡아서 내일 물건을 주기로 했단다. 이불계는 계장이 11명의 계원을 확보해서 11장의 이불을 먼저 팔고, 10개월 동안 1달에 한 번씩 하나의 이불 값을 계장에게 받는 방식이다. K 형님은 동대문에 가서 물건 떼어 올 테니 나가지 말라고 했다. 기다리다 보니 형님이 돌아오셨다. 이불 11장을 탐스럽게 만들고 나니 몸은 뻐근했지만, 마음은 한없이 뿌듯했다. 이튿날 이불을 약속 장소로 보냈다. 아줌마들이 "이불을 이렇게 많이 팔았으니 술 한 잔 사라"고 했다. K 형님이 흔쾌히 고개를 끄덕였다. 우리는 열심히 음식을 준비했다. 그런데 이 넓은 방에

10명 이상의 사람이 앉을 수 있는 상이 없는 게 아닌가. 옆집 아줌마한테 큰 상을 빌려왔다. 한 번도 안 쓴 것처럼 깨끗하고 큰 호마이카상(약품이나 열에 강한 합성수지 도료를 칠한 상)이었다.

   밤이 되자 아줌마 계원들이 도착했다. 준비한 음식을 먹으면서 반주로 막걸리, 소주를 한 잔씩 할 때까지만 해도 기분이 좋았다. 아줌마들이 평소에는 술과 가깝게 지내지 않았던 것 같다. 순배가 두어 번 넘어가자 '도옹백 아가씨'로 시작해서, '울려고 내가 왔나'를 거쳐 '동숙의 노래', '오동동 타령' 등등, 노래판이 벌어지고 말았다. 우리는 말릴 입장도 아니었고, 그렇다고 같이 놀기도 어색했다. 우리는 두어 곡 부르다가 작업장 방으로 가서 노래판이 끝나기만을 기다렸다. 모처럼 온 기회라서 그런지, 뽕을 빼기 위해서인지, 도통 갈 생각이 없는 모양이었다. 12시가 다 되어서야 노래판이 끝났다. 술 심부름을 하느라 애먹은 밤이었다. 뒤처리 또한 우리 몫이었다. 상을 치우려고 보니, 여기저기 숟가락과 젓가락으로 두들겨 팬 자국이 보였다. 모서리를 포함해 성한 곳은 찾아낼 수가 없었다. 참으로 어처구니가 없는 상황이었다. 옆집 아줌마께 도저히 이 상을 돌려 드릴 수 없을 정도였다. 이튿날, 우리는 별수 없이 전후 사정을 이야기한 뒤 상값을 변상했다.

정인규

사당동 가는 길, 성탄 전야의 비극

71년도였던가? 징글벨 소리가 여기저기서 요란하게 들리는 크리스마스이브였다. "규야, 심심한데 사당동이나 다녀올까?" 하는 K 형님의 말이 그렇게 반가울 수 없었다. 사당동에는 고향에서 나를 무척이나 귀여워해주시던 N 아저씨네가 살고 있었기 때문이다. N 아저씨와 아줌마를 만나니 마치 엄마를 만난 것처럼 반가웠다. 모처럼 고향 이야기도 들을 수 있었고, 오랜만에 내 손으로 짓지 않은 밥을 배불리 먹을 수 있었다. K 형과 자취했으니 평소 밥당번은 거의 내 차지였기 때문이다. 그 집에서 자고 다음 날 아침 일찍 나와 버스를 타고 서울역으로 출발했다. 서울역에 거의 다 와 가는 상황이었다. 버스에서 대연각 화재에 대한 라디오 뉴스가 흘러나오고 있었다. "저거나 보고 갈까?"라는 K 형 말에 한 정거장을 더 갔다.

차에서 내리니, 엄청난 연기 속에서 활활 타오르는 대연각호텔이 보였다. 사람들이 뛰어내리는 모양이었다. 화재 현장 근처는 봉쇄되었으므로 우리는 남산으로 올라가 그 광경을 보았다. 헬기가 남산을 거점으로 삼고 엄청난 바람을 일으키며 교대로 인명구조를 했다. 건물 중간쯤에서 사람이 나와 살려달라며 팔을 흔들었다. 헬기가 다가갔는데, 그 사람은 건물 안으로 들어갔다. 한참을 서 있던 헬기도 자리를 떴다. 그러자 또 그 사람이 나와서 팔을 흔들었다. 다음에 출동한 헬기가 다가갔지만, 그 사람은 또 안으로 들어가버렸다. 세 번째에도 같은 상황이 반복되었고, 그 후로는 그 사람을 볼 수 없었다. 우리는 열기에 죽었나 보다 하며 안타까워했다. 왜 그 사람은 헬기가 오면 도망갔을까? 나중에 신문을 보니 그 사람은 대만 대사였다고 한다. 그날 참사에 희생된 모든 이들의 명복을 빈다.

다시 안잔골로

1972년 석유 파동은 모든 산업을 꽁꽁 얼어붙게 했다. 원단 또한 석유에서 나오기 때문에, 이불의 원가는 매일 올라갈 수밖에 없었다. 장사해 봤자 손해였다. 어쩔 수 없이 3년 동안의 서울 생활을 끝내기로 했다. 먼저 동대문에 들러 중부님께 하직 인사를 드리고 N 아저씨, 아줌마를 뵈러 사당동을 찾았다. 당시 N 아저씨는 몸이 불편한 어머니, Y 할머니를 고향에서 모셔 온 상태였다. 서울 생활에 노인이 잘 적응했을 리 없었다. 나의 귀향 소식을 들은 Y 할머니가 자신도 고향에 가겠다고 보따리를 챙겼다. 황당했다. 아무리 설명을 해드려도 막무가내였고, 내 곁을 떠나질 않았다. 하도 답답해서 "여기서 자고 내일 모시고 갈게요."라고 거짓말을 했다. 잠깐 한눈파시는

틈을 타 밖으로 나왔는데, 눈치챘는지 보따리를 들고 뛰어나오셨다. 나는 담벼락에 몸을 숨겼다. N 아저씨와 아줌마가 "규는 벌써 가버렸으니 다음에 우리가 모시고 갈게, 들어가자"라며 할머니를 붙들고 실랑이를 벌였다. 나는 우여곡절 많은 서울에서의 3년을 뒤로하고, 떨어지지 않는 발길을 옮겨 귀향 열차에 올랐다.

꽃 한 송이

어린 시절, 여동생이 있는 사람들이 무척 부러웠다. 그러다 보니 이종사촌 여동생 I도 내겐 무척 귀한 존재였다. 그 애는 우리 집에서 인기가 현대 말로 짱이었다. 광주에 살던 I는 농번기가 되면 집에 들러 엄마 일도 거들어주곤 했다.

이성 친구가 필요했던 20대 초반에 나는 I를 졸라 I의 친구를 소개받았다. 사실 소개받았다기보다는 억지를 부렸다. I가 주고받는 편지를 보고 주소를 확인한 후, 소개받은 것처럼 편지를 썼다. 월남전으로 인해 마을에 펜팔이 유행하던 때였다. 좋은 말만 고르고 골랐다. 몇 번을 찢었는지 모른다. 답장이 쉽게 오리라고 생각하지는 않았다. 쓰고 또다시 쓰기를 반복하다 보니 반응이 왔다. 그녀의 깨알 같은 손 글씨를 받아본 나는 이 세상 부러울

게 없었다. 물론 거절하는 내용이었지만, '거절이라는 게 정말로 싫어서일까? 진짜 싫다면 답장이 무어란 말인가?' 하는 의문이 들었다. 이 생각 저 생각 속에 정성을 들여 답장했다. 나중에는 그녀의 부모도 알 수 있을 정도의 사이가 되었다. 오빠와 동생이라는 끈은 한동안 푸른 꿈과 함께 이어졌다. 서로의 얼굴을 모른 채 주고받는 편지는 건전했고, 다른 내용은 전혀 없었다. 어쩌다 답장이 오지 않으면 걱정이 되어 한 번 더 편지했다. 그녀가 전주 학원으로 기술을 배우러 갔을 때도, 내가 서울에서 이불을 팔 때도 편지는 이어졌다.

　세월이 흐르고 흘러 어느덧 그녀도 나도 결혼 적령기가 다가왔다. '이것이 정말로 좋은 것인가?' 하는 생각이 불현듯 들었다. '아니다'라는 결론을 얻은 뒤, 마음을 독하게 먹고 마지막 편지를 썼다. 서로의 행복을 위해 이 자리에서 끝내는 게 좋겠다는 장문의 편지를 보냈다. 마음 한구석이 쓰리고 저렸다. 며칠 뒤 답장이 왔다. 자그마한 글씨로 쓴 원망의 편지였다. 전국의 라디오에서 흘러나오던 유행가, 이미자 씨의 「꽃 한송이」 가사와 함께였다.

　　그 누가 꺾었나 한 송이 외로운 꽃
　　시들은 꽃송이가 황혼빛에 애닯구나
　　마음대로 꺾었으면 버리지는 말아야지
　　외로워 흐느낄 줄 왜 몰랐던가?

차가운 하늘 밑에서……
그 누가 버렸나 한 송이 외로운 꽃……
시들은 꽃송이가 애처롭게 울고 있네
부질없이 꺾었으면 버리지는 말아야지
시들어 흐느낄 줄 왜 몰랐던가?
싸늘한 하늘 밑에서…….

   10여 년 동안 정이 꽤 깊이 들었나 보다. 그러나 오빠와 동생 사이 이상은 절대 요구하지 않겠다고 처음부터 약속했으므로 건전하게 끝맺었다. 지금은 어떤 모습일까? 가끔 궁금하다. 부담이 가지 않는다면 한 번쯤 만나서 옛이야기라도 나누어 보고 싶다.

결혼

   1977년 11월 3일, 문장 예식장에서 유기순 양과 결혼했다. 무등산 관광호텔에서 첫날밤을 보냈다. 아침에 일어나 보니 하얀 눈이 소복이 쌓여 있는 게, 마치 우리 결혼을 축복이라도 하는 것 같았다. 눈길에 오가는 차가 없어서 한참 기다리다가 결국 물건을 가득 실은 화물차 기사에게 사정해서 내려왔다. 시내엔 눈이 아예 보이질 않았다. 목포에 가서 유달산을 구경하고 다음 날 처가에 들렀다가 집으로 왔다. 매우 피곤했으나 마을 친구들의 환영식을 거부할 수는 없었다. 신부의 노래를 들으려고 쇼했던 기억도 있다. 친구들은 방망이로 내 발바닥을 때리고 나는 아프다고 소리 질렀다.

이듬해 1978년 8월 10일에 딸 M이, 2년 뒤인 1980년 11월 8일에는 아들 H가 태어났다. 그리고 나도 엄마 품을 떠나야 할 때가 왔다. 1980년 11월 29일 밤, 마을 청년 15명과 석별의 정을 나누었다. 거나하게 취한 채로 부르는 고향 노래를 녹음해 보관했다. 지금도 고향 생각이 날 때면 가끔 틀어놓고 향수를 즐긴다. 아쉬움과 안타까움 속에서도, 다들 내 첫 출발에 힘찬 희망을 안겨주었다. 그날 후 고향에서의 30여 년은 추억이 되었다. 다음 날 안잔골에서 4~5km 정도 떨어진 전하로 분가했다. 마을 사람들의 전송을 받으며 우산각 모퉁이를 돌아가는 순간엔 눈시울이 붉어지기도 했지만 새로운 출발이라는 생각에 힘차게 발길을 옮겼다.

경운기로 짐을 다 옮기고 정리를 끝내니 밤이 되었다. 새 이웃들을 초대해 술도 한 잔씩 나누고 나니 무척 피곤했다. 새집에 누웠다. 모든 것이 낯설고, 밤이 깊어져 갈수록 안잔골 생각만 가득했다. 애들과 처는 잠들었는데, 나는 머릿속이 복잡해서 밖으로 나왔다. 고요한 밤공기를 뚫고 잠시 걸었는데, 정신을 차려 보니 안잔골이었다. 그제야 '이게 아닌데.' 하며 자정을 훌쩍 넘겨 새집으로 돌아왔다.

정인규

순천만 습지에서 아내와

처는 깜짝 놀라 어디 갔다 오느냐고 물었지만, 촉촉이 젖은 내 모습을 보고는 "이게 무슨 일이람. 인제 그만 잡시다." 하며 넘겨주었다.

낮에는 평소처럼 아무렇지 않게 지내다가, 밤이면 안잔골에 다녀오기를 며칠이나 반복했는지 모른다. 어느 날 처도 "당신, 안잔골 갔다 오는 거지?"라고 물었다. 늘 밤이면 먼저 잠들던 처가 나를 토닥이며 잠들기를 기다려주니 조금씩 안정이 되었다. 며칠 후 엄마가 오자, 처는 그 사실을 일렀다. 엄마가 "너는 네 집으로 이사를 해놓고도 그러냐? 여자들은 아무도 모르는 곳으로 시집와서 잠이 올 것 같으냐?"고 말해주셨다.

남광 병원에서

1984년 10월, 내 인생에서 가장 아픈 일이 있었다. 큰집 둘째가 놀러 온 날이었다. 나는 안잔골에서 논 귀퉁이 벼를 베고 있었다. 점심을 먹은 지 얼마 안 됐는데, 마을 사람이 급하게 나를 불렀다. 월야사거리 입구에서 큰집 둘째와 H가 교통사고를 당했으며, 둘 다 살았는지 죽었는지 모른다는 이야기를 들었다. 모든 걸 집어치우고 달려갔다. 택시를 타고 남광 병원까지 가는 동안 정신없이 우는 처를 달랬다. 기사의 말에 의하면, 큰애는 괜찮은데 작은애는 모르겠단다. 우리 H가 작은애였다.

    응급실에 달려갔다. 형님도 와 있었다. 조카는 고통을 호소하고 있었는데, 우리 아이는 의식도 없었다. 의사는 아무 말 없이 응급처치만 하고 있었다. 정신없이 맨발로 온 처에게 일단 신발을 사다 신겨줬다. 병원을 믿는 수밖에 없었다. 몇 시간이 흘렀을까? 생명엔 지장이 없다는 이야기를 들었다. 나는 소 밥도 주고 우유도 짜야 했기 때문에 집에 잠시 다녀왔다. 조카는 의식이 완전히 돌아왔는데 우리 애는 아직도 의식이 없었다. 의사가 CT 사진을 판독하더니, 머리에 피가 고여 있으므로 상황을 보아가며 머리 수술을 잡자 결론을 냈다. 뜬눈으로 밤을 새웠다. 아침 일찍 소들을 챙기고 왔다. 그날 밤에 수술 일정이 잡혔다. 소들을 돌보러 다시 집에 들렀다. 병원으로 가는 밤길을 마을 사람들이 동행해주었다.

    수술은 두 시간을 조금 넘겼다. 수술이 잘 되었다는 집도의의 말과 함께 H는 응급실로 옮겨졌다. 응급실에서 숨을 거두는 다른 애를 보면서 졸였던 가슴을 쓸어내렸다. 많은 사람이 아이가 깨어나기만을 기다렸다. 그 사람들도 가고, 여태 한숨도 못 잔 처를 재웠을 때쯤이었다. 새벽 4시로 기억한다. 아이가 꿈틀거리는 게 보였다. 간호사가 와서는 아이 가슴을 사정없이 쥐어뜯었다. 힘이 드는지 우리에게도 하라며, 빨리 마취에서 깨야 한다고 했다. 그래서 있는 힘껏 쥐어뜯으니 "아야"하는 신음과 함께 아이의 정신이 돌아왔다. 처가 "누구인 줄 알겠냐?"고 물었다. 아이가 처음 한 말은 "엄마면서 그래."였다. 천만다행이었다.

아이는 입원실로 옮겨졌다. 같은 병실을 쓴 남종이라는 애는 주사와 약을 거부해 간호사들의 진땀을 빼는데, 우리 아이는 말을 잘 들어 귀여움을 많이 받았고 회복 속도 또한 눈에 띄게 좋았다. 조카는 2주일 후 퇴원하고, H는 6개월 동안 병원 신세를 졌다. 나는 H가 퇴원할 때까지 집과 병실을 오갔다. 간호사들이 너무 예뻐하다 보니 녀석은 말썽꾼이 되었다. 틈만 나면 엘리베이터를 자가용처럼 타고 다니며 간호사에게 장난질을 해대 경비가 잡으러 다녔다. 간호사가 잡아놓고 노래시키면 아무 데서나 김범룡의 「바람 바람 바람」을 거침없이 불러댔다. 혹시 뭐가 잘못돼서 지적장애인이 되었나 싶기도 했지만, 다행히 기우에 불과했다. 보험회사에서 치료비를 부담해주는 걸 보고 참 좋은 세상이라고 느꼈다.

그랬던 아이가 건강히 잘 자라준 모습을 보면 아직도 안정되는 느낌이 든다. 그때 상황은 지금도 떠올리기 싫다. 그래도 남광 병원 주변을 지날 때면, 많은 분께 제대로 인사드리지 못했다는 생각이 든다. 다시 한번 뒤돌아보며 깊은 감사를 전한다.

송아지 낳는 날

젖소를 키우던 1980년대 중후반의 이야기다. 우유를 짜서 납품하는 것도 힘들지만, 관리는 더 힘들었다. 젖소가 송아지를 낳을 때면 마을에 비상이 걸렸다. 한우는 혼자서 새끼 낳고 키우기까지 하는데, 젖소는 출산부터 관리까지 사람이 해줘야 하기 때문이다. 나오려는 새끼를 잡아당겨서 빼내고, 깨끗이 닦아주고, 부지런히 초유를 짜서 먹여야 했다. 어미 소의 동작이 이상해지면 친구 J를 불러 상황을 판단했다. 새벽에 낳는 경우가 대부분이기 때문에, 오늘이라는 확신이 서면 야경을 서는 것이 관례였다.

시간 때우는 데 화투보다 더 좋은 것이 어디 있겠는가? 아이들을 재워놓고 J 부부와 넷이 새끼가 나올 때까지 화투를 쳤다. 내기가 아니면 재미없으니, 한 판에 백 원을 걸어 밤을 새웠다. 틈나는 대로 소를 보며 술과 안주로 기분도 맞췄다. 한판 칠 때마다 백 원씩 내서 술값을 보충했다. 밤새도록 하다 보면 만 원이 되니 100판을 친다는 이야기다. 화투도 즐거운데 송아지도 얻으니 일석이조였다.

정인규

우루과이라운드

88올림픽이 끝나기 전, 농촌에 부는 바람은 심상치 않았다. 소 가격이 점점 내려갔다. 납품하던 유업 회사에서도 우유량을 줄여달라고 하니, 우유가 반갑지 않은 듯 감량을 요구하니, 소를 키우면서 처음 겪는 파동이었다. 소를 몇 마리 키우는지, 착유우가 몇 마리인지, 임신한 소는 몇 마리인지, 매일 집유 차가 와서 검사했다. 마리당 이백만 원이었을 때는 송아지 받으면 기분이 째졌는데, 송아짓값이 날이 갈수록 떨어지니 새 송아지를 보면 오히려 기분이 다운되었다. 그러나 생긴 송아지는 나오게 되어 있었고, 나는 다음을 기약하며 수정을 시킬 수밖에 없었다.

부르니 마지못해 온 소 장수는 솟값 이십만 원에서 경비 만 원을 빼자고 했다. 별수 없이 십구만 원에 송아지를 팔았는데, 뒤이어 개장수가 왔다. 때마침 집에서 기르던 개 메리가 새끼를 낳았는데 무려 일곱 마리였다. 한 마리도 놓치지 않고 다 키워내서 젖을 뗄 때였다. 개장수가 마리당 삼만 원씩 해서 이십 일만 원을 선뜻 내어놓았다. 쓴웃음이 나왔다. 송아지는 십구만 원에 팔았는데, 강아지를 이십 일만 원에 팔았으니.

국회 앞에서 축산 농가를 보호하라는 시위가 있었다. 봄이 되었지만 소 가격은 계속 하향 곡선만을 그렸다. 광주,

전남 축산 농가들이 또다시 광주공원에 집결했다. 모두가 흥분해서 우루과이 협상을 성토했다. 온갖 구호를 외치며 도청으로 향했다. 우리 농군들은 150여 명이나 되었는데, 비슷한 수의 전경들이 도청 진출을 막아섰다. 선발대가 광주공원에서 내려와 질서 정연히 중앙대교를 통과하는데, 전경들이 다리 끝을 지키고 있었다. 대열 중간 부분을 끊어서 시위대를 분리했다. 시위대의 힘은 사람의 수에서 나온다는 것을 이용한 계략인 듯했다. 시위대는 둘로 나뉜 채 진출도 못 하고 속수무책이었다. 여기저기서 사람들의 시선이 느껴졌다. 중앙대교에 갇힌 우리는 꼭 동물원 원숭이가 된 것 같았다. 대열은 순식간에 무너져버렸다. 전경은 여덟 줄로 서서 다리를 틀어막고 있었다.

정인규

앞쪽에 있었던 나는 한 전경과 대화를 나눴다.

"자네는 어디에 사는가?"

"……"

"자네네 집에서는 소를 키우지 않는가?"

"……"

"혹시 자네 아버지도 이 대열에 끼어 있을지 모른다고 생각해 보지는 않았는가?"

"……"

"누가 이렇게 시키던가?"

계속 말을 붙여 보았으나 얼마나 교육을 단단히 받았는지 상대를 해주지 않았다. 나의 말에 수긍이 가는 듯 고개만 약간씩 흔들 뿐이었다. 다들 이리저리 빠져나가 다리 위의 원숭이들이 몇 명밖에 남지 않자, 전경들도 철수했다.

몇몇이 도청 앞으로 가 봤다. 살벌했다. 조금이라도 수상한 행동을 하면 무조건 닭장차에 실어버렸다. 수가 적은 우리는 의기소침해졌다. 뒤늦게 도착한 신기마을 S 씨가 우리에게 오른손을 들어 보이며 "왜 이거 안 해?"하는 순간 5~6명의 전경이 달라붙어 S 씨를 닭장차로 옮겼다. 힘깨나 쓴다는 S 씨도 결국 닭장차에 갇히고 말았다. 이것 참, 그냥 집에 갈 수도 없고 해서 동부 경찰서로 향하던 길, S 씨가 병원으로 옮겨졌다는 소식을 들었다. 문병하고, 아무 소득도 없이 돌아올 수밖에 없었다. 나중에 안 일이지만, 그날 초도순시 차량에 전두환 전 대통령이 있었다고 한다. 결국 우루과이라운드는 통과되었고, 더는 소를 키우는 건 무리였다. 애들 교육 문제도 있어서 광주로 나가기로 마음을 먹었다.

광주로

논, 밭과 소를 전부 정리하였으나 광주에 집을 마련하기는 역부족이었다. 1980년대 후반은 집값이 최고로 비쌀 때였고, 솟값은 떨어질 대로 떨어져버렸으니 말이다.

겨우 산수동에 단독주택 한 채를 샀다. 모자란 돈은 작은 방을 전세로 내주어 해결했다. 아이들은 열심히 학교 다녔고 우리 내외는 닥치는 대로 일을 했다.

    1996년 후반, 양동시장에 조그마한 철물점을 차렸는데, 얼마 안 가 온 국민을 절망으로 몰아간 IMF가 터지고 말았다. 사업은 한순간에 물거품이 되었다. 방법이 없었다. 가게를 정리하고 등산이나 낚시하러 다니며 경기가 좋아지기를 기다렸다.

    5년 후 경기가 풀리면서 다시 일을 시작했다. 2001년도에 버들마을 주공 아파트에 당첨되어서 이사했다. 본집을 내놨으나 살 사람이 없었다. 형편이 어려워졌고, 할 수 없이 본집으로 돌아왔다. 힘든 일을 계속하다 보니 몸에 무리가 왔다. 2017년 허리가 너무 아파서 종합 진찰을 받았더니, 척주관협착증이라는 진단이 나왔다. 딸이 근무 중인 부천에 있는 부평 힘찬병원에서 수술받았다.

    마취에서 깨고 나니 담배가 피고 싶었다. 참고, 참고, 또 참아 봐도 피고 싶었다. 복대로 허리를 묶고 흡연실을 찾다가, 건물 밑과 옥상에서만 흡연할 수 있다는 이야기를 들었다. 그때가 11월 19일이었으니, 얼마나 추운지 짐작이 갈 것이다. 옥상으로 올라가는데, 튼튼한 내 몸뚱이도 날려버릴 것 같은 바람이 불었다. 겨우겨우 담배를 한 대 피웠다. 기분이 좋아지기보단, 이렇게까지 해서 피워야 하나 싶었다. 이 기회에 담배를 끊겠다는 결심을 했다. 옥상

칠순 때 부천에서 손자, 손녀들과

일을 떠올리면 담배 생각이 뚝 떨어졌다. 이 기회에 술도 끊어버리라는 처의 말대로 술도 끊었다.

힘든 일을 하면 병이 도진다는 박진구 원장님의 말씀을 듣고 일을 그만두었다. 지금은 게이트볼강사를 하면서 틈틈이 시를 쓴다. 서승례 님의 권유로 '아시아서석문학회'에 작품을 냈다. 당선되어 정식으로 등단했다. 지금 딸 M은 부천시청에서 근무하고, 사위는 경기도교육청에 다닌다. 손자는 중학생이고, 손녀는 초등학생이다. 아들 H는 LG전자 베트남 현지 공장의 부장이다. 어려운 환경에서도 힘든 일을 마다하지 않고 함께 노력해준 아내와 자식들, 그리고 사위에게 아낌없는 박수와 고맙다는 인사를 전한다.

소박한 나의 꿈

당신의 차가운 손에
털이 보송한 장갑을 끼워주고 싶소

시린 발에는 빠알간 부츠를
신겨 드리고 싶고

예쁘고 고운 옷도 사 주고
그 위에 하이얀 재킷을 걸친 당신과

단둘이 여행도 떠나고 싶소

내게 남아 있는 사랑이 있다면
내 이름이 천상의 명부에 적히기 전에
모든 걸 다 드리고 싶소

오늘같이 눈 내리고
찬바람 부는 날에는
따사로운 난롯가에 앉아
오순도순 군밤도 구워
나누어 먹고도 싶소

자리 지킴이

등 굽은 나무가
고향 동산을 지키고
병든 난이 화원을 지키듯
비루하고 하찮다고
업수이 보지 마라

예쁜 꽃이 있어
덜 예쁜 너는 남았고

큰 닭이 있어서
작은 너는 살아남았다

길가의 돌멩이도
멋있고 예쁜 것들은 들려 나가고
못생기고 투박한 너라도 남아서
강을 지킬 수 있지 않은가

못나고 못 배운 자식이
고향을 지키고 부모에게 효도하듯
모두가 하늘의 뜻이 아니겠는가

반딧불이

여름밤
허공을 어지럽게 날다
풀섶에 숨어 반짝이며
호기심을 자극하던 작은 불빛

휘황한 전깃불에 가려
그 애잔하고 정겹던 불빛
우리 곁에서 멀리 사라져 버린 줄 알았더니

삭막해져 가는 현실 속에
늙지 못하는 노(老) 소년 하나
어릴 적 동심을 일깨워
쇠똥구리, 사슴벌레 키우고
반딧불이를 잡아
노오란 호박 등 만들어
여름밤을 밝히니
육십 년 세월이
일시에 돌아선 듯

양해철 梁海哲 이야기

저는 담양군 수북면에서 1951년 2월 16일에 태어났습니다.

오늘은 남은 삶에서 가장 젊은 날입니다. 저는 새로운 것을 배우고, 새로운 것을 보고, 새로운 음식을 먹고, 새로운 사람을 만나면서 살아가려고 합니다. 가장 행복한 사람은 특별한 이유 없이도 삶을 즐길 줄 아는 사람이라고 합니다. 그렇듯 저는 오늘도 사소함에서 행복을 느끼며 살아가고 있습니다.

가족에게 보내는 한마디
지금 알고 있는 걸 그때도 알았더라면 더 사랑하고, 더 이해하고, 더 격려하며 살아왔을 것이다. 남은 인생이라도 더 사랑하고 싶다.

내 인생의 키워드
긍정적 자아관, 늘 편안한 마음, 삶의 가치는 스스로 만들어 가는 것

멋있게 살자

의사 선생님이 스피치를 배우러 왔다. 발표 경험이 없어서 사람들 앞에 서면 긴장되고 자신감이 없어진다는 게 이유였다. 이왕이면 재미있고 멋지게 잘하고 싶어서 왔다고 덧붙였다. 그런데 잘해 보고 싶어서 시작한 사람이 수업 시간에 다른 생각을 하고 있었다.

"의사 선생님! 만약에 선생님이 설명할 때 환자가 다른 생각을 하고 있으면, 환자의 몸이 빨리 낫게 될까요?"

"집중하겠습니다. 열심히 하겠습니다."

그러던 어느 날 다른 수강생들이 의사 선생님에게 "선생님은 어쩜 이렇게 빨리 배우신 건가요?", "잘하시네요!" 하며 감탄했다. 교재를 보니 여기저기 필기한 자국이 선명했다. 대부분 수강생은 오직 수업 시간에만 집중하는데, 의사 선생님은 수업 시간 외에도 틈내서 연습한 것이었다. 가끔 사람들 앞에서 해 보고 싶을 땐 환자들이 모인 대기실로 가서 건강에 관한 내용을 가지고 실전처럼 발표 연습을 한 적도 있다고 했다.

의사 선생님은 학교 공부를 열심히 해서 의대에 갔고 거기서도 꾸준히 노력하여 의사가 되고 박사가 되었다고 말했다. 그리고 의사는 정년이 없어서 일흔 이후에는 경제 활동보단 사람들에게 건강 강연을 하며 봉사하는 삶을 살고 싶었는데 이젠 멋있게 강연할 수 있는 자신감이

양해철

역사박물회 탐방 길에서

생겼다며 함께한 수강생에게 감사하다는 말을 전했다.

 사람들은 바쁜 일상 속에서도 시간을 내 무언가를 배운다. 현재 무엇을 배우느냐가 미래를 바꾸기도 한다. 배움을 시작하는 것은 실로 대단한 일이다. 배움은 살아 있다는 걸 증명하는 일이다.
 배움은 삶에 리듬을 더해 준다. 외로움과 우울증이 해소되고 자신감이 생긴다. 또 자신의 존재감을 세상에 드러낼 수 있게 된다. 일주일에 한 번 또는 한 달에 몇 번씩이라도 꾸준히 무언가를 배우고 익히는 사람은 인생의 중력에 맞서 미래를 대비하는 사람이다. 아무리 어려운 것이라도 반복하다 보면 금세 전문가가 되고 달인이 된다. 이렇듯 새로운 경험을 쌓는 건 또 다른 가치를 깨닫게 만든다.
 직업이 첫 번째 기둥이라면 취미는 두 번째 기둥이다. 인생의 기둥은 하나일 때보다 둘일 때 훨씬 안정적이다. 은퇴 후에도 제2의 인생을 건강하고 가치 있게 보내려면 취미가 있어야 한다. 다른 사람을 돕는 거면 좋고 수입이 생기는 거라면 더더욱 좋다. 그러면 정신적, 육체적으로 활기차고 보람 있는 삶이 된다.

하다 보면 잘할 수 있다

조선대학교에 다녀왔다. 대학교 이 학년을 대상으로 한 강연을 요청받았기 때문이다. 강당에 들어가니 많은 학생이 모여 있었다. 나는 함께 간 상철 군 먼저 강연을 시켰다. 왜냐하면 상철 군에게는 많은 사람 앞에서 강연하는 경험이 필요했고, 모인 학생들에게는 비슷한 연배를 가진 상철 군을 보며 동기 부여가 되었으면 바랐기 때문이다. 강연하는 상철 군을 지켜보고 있으니 상철 군이 스피치를 배우겠다며 찾아왔을 때가 떠올랐다. 상철 군의 아버지와 어머니, 여동생까지 온 가족이 교육원에 왔다.

"우리 상철이는 소심하고 자신감이 없어요. 장래가 걱정되어 찾아왔습니다. 여기서 스피치를 배우면 앞으로 잘 살아갈 수 있을까요?"

가족의 염려 속에서 스피치를 시작한 상철 군은 변했다. 수많은 학생 앞에서 막힘없이 강연해냈다. 상철 군이 강연을 마치고, 나는 '어떻게 하면 스피치를 잘할 수 있을까'라는 주제로 본 강의를 했다. 이후 학생들에게 단상에 올라와 자기소개한 뒤 하고 싶은 말을 해 보는 시간을 주었다. 대부분 지명을 받으면 손사래를 치며 사양하곤 했다. 마지못해 단상에 올라온 학생은 서투른 발표를 이어 나갔다.

처음부터 잘하는 사람은 없다. 연습을 반복해야 한다.

하다 보면 잘하게 되어 있다. 스피치를 잘하면 똑똑하고 능력 있어 보인다. 하지만 누구나 보이지 않는 곳에서 연습했다는 사실을 알아야 한다. 누구든지 요령을 배우고 연마하면 잘할 수 있다.

성공한 사람들의 공통점은 스피치를 연마했다는 점이다. 미국의 백인우월주의에도 흑인인 오바마가 대통령이 될 수 있었던 건, 스피치를 통해 사람들의 마음을 움직였기 때문이다. 그리고 열악한 조건에서 대통령이 된 링컨이나 회사를 재건한 아이아코카, 스티브 잡스 또한 스피치의 힘을 가진 인물들이다.

탁월한 스피치 능력은 자기 존재 가치를 높이고 주위 사람들과 소통할 때도 유용하게 쓰인다. 스피치는 무한 경쟁 시대를 살아가는 현대인의 경쟁력이다. 각종 선거에서뿐만 아니라 여러 시험의 면접 단계에서도 스피치를 중요하게 여긴다. 지금 준비하지 않고 미루다 보면 기회를 놓칠 수도 있다. '준비에 실패한 사람은 실패를 준비하는 것이다'라는 전 농구 코치 존 우든의 명언처럼 말이다.

방향을 바꾸면 도착지가 달라진다

멋지게 살겠다고 다짐하면 멋지게 살게 된다. 생각을

바꾸면 행동이 달라진다. 방향을 바꾸면 도착지가 달라지기 마련이다. 가고 싶은 방향을 정하고 포기하지 않는다면 결국 목적지에 도착하게 되어 있다. 어떻게 하면 멋지게 살 수 있는지 궁리해 보자.

① 읽자

책은 방법을 알려준다. 그 속에 길이 있다. 책은 가치 있는 일을 찾아주고, 내가 할 수 있는 일을 생각해 내도록 도와준다. 책은 위대하다. 그러니 읽어야 한다. 읽으면 미래가 보인다. 어떻게 살지, 무엇을 먹어야 할지까지도 알려준다. 만약 건강하게 살고 싶다면 건강하게 사는 법을 알려주는 책을 찾아서 읽으면 된다. 무심코 살아왔던 지난날의 잘못된 생활 태도나 건강 상식을 지금이라도 개선하게 만들어준다. 나에게 맞는 식품과 맞지 않는 식품, 바르게 걷고 뛰는 법, 수면 방법 등 다양하게 알려준다. 돈을 벌고 싶거나 성공하고 싶어도 책을 읽어야 한다. 그러면 방법이 보인다.

몇 권의 책을 소개하고 싶다. 조동성의 '재미있는 경영 이야기', 무천강의 '돈 버는 80가지 습관', 김용운의 '아이디어 깨우기', 한창욱의 '나를 변화시키는 좋은 습관', 다케우치 마사히로의 '커피와 샌드위치', 앤드류 우드의 '나에게는 지금 못할 것이 없다 1', 리처드 파크 코독의 '밀리언 달러 티켓', 송용상의 '오래 살고 싶으신가요?',

오카자키 타로의 '억만장자의 엄청난 습관'이다. 자신에게 필요한 책을 선택해서 읽으면 된다.

무엇이 문제인지 고민해 보고 답이 있는 책을 찾으면 된다. 끈기 있게 찾다 보면 정답을 만날 수 있다. 그럴 때 희열을 느끼는 것이다. "오! 놀라워라. 이런 내용이 책 속에 있다니." 책을 만나는 일은 사람을 만나는 일과 같다. 그것도 원하는 분야의 전문가를 말이다. 서점에 가끔 들러 표지만 훑어도 영감이 생긴다. 머리를 쓰며 살자. 훌륭하게 살기 위해 훌륭한 사람의 머리를 빌려 쓰자. 오래된 헌책방에서 보물을 발견할 때도 있다. 어떤 위대한 내용은 헐값에 팔리기도 한다.

② 잘 입자

옷을 잘 입는 것도 멋지게 사는 방법이다. 옷에도 투자해야 한다. 고급스럽고 멋진 옷일수록 투자 대비 열 배 이상의 효과를 낸다고 한다. 옷을 잘 입으면 기분이 좋고, 기분이 좋으면 건강에도 좋은 영향을 끼친다. 나만의 멋진 모습을 드러내자. 그래야 기회가 오고 자신감도 생기며 사람들이 인정해준다.

③ 배우자

새로운 것을 배우면 새로운 삶이 펼쳐진다. 배움은 학교에서만 이루어지는 일이 아니다. 스스로 필요하다고 느끼는 것을 찾아서 배워라. 한 전업주부가 자식을 출가시키고 할 일이 없어 외로움과 우울감을 느끼기 시작해 스피치 강사 과정을 이수했다. 수료한 뒤에는 후배들을 가르치며 꾸준히 실력을 갈고닦더니 이젠 여기저기 강연하러 다닌다. 덕분에 삶이 즐겁고 보람차다고 한다. 놀라운 변화다. 배우다 보면 새로운 능력이 생긴다. 함께 배우는 사람들과도 친해지니 인간관계가 넓어지고 좋은 정보도 얻을 수 있다. 배움에 늦은 건 없다.

④ 만들자

나만의 공간을 만들자. 누구에게도 방해받지 않고 자유롭게 무엇이든 해 볼 수 있는 공간을 만들자. 공간이 생기면 즐겁고 유익해진다. 보잘것없는 작은 공간이어도 상관없다. 오래 있어도 지겹지 않은 공간이면 충분하다. 혼자 만들기 어려우면 가까운 지인 중 생각이 같은 사람을 찾아 함께 만들어도 좋다. 놀며 즐기다 보면 새로운 일거리가 생기게 되고 그것을 지속하다 보면 전문가가 될 수 있다. 나만의 공간에서 놀아 보자. 노는 것도 놀아 봐야 잘 놀 수 있다.

⑤ 잘 먹자

고루 잘 먹는 게 삶의 에너지다. 영양제보단 식품으로 먹어야 영양 효과가 크다는 연구 결과가 많다. 의료

센터에서 제시한 리스트에는 과일, 녹황색 채소, 생선, 식용 기름 또는 버터나 유제품, 해조류, 감자나 고구마, 콩, 달걀, 살코기 등이 있다. 전문가들은 이 중에서 하루에 최소 여덟 가지 이상 먹어야 한다고 권하고 있다. 다양한 영양소가 몸에 들어와야 대사 결핍이 안 생긴다.

⑥ 걷자

걸으면 하루가 짧아진다. 하지만 인생은 깊어진다. 병의 구십 퍼센트는 걷기만 해도 예방할 수 있다고 한다. 빨리 걷기를 권한다. 건강하면 의욕이 생기고 활력이 넘친다. 걷다 보면 볼거리도 많다. 새로운 곳을 가면 치매 예방에 효과적이라고 한다.

⑦ 잘 쓰자

그동안 모은 재산으로 두 번째 청춘을 만들자. 지금껏 돈을 벌고 모으는 데만 몰두했다면 이제는 그 부담감에서 벗어나자. 돈을 쓴다고 망하지 않는다. 돈을 잘 쓰면 그만큼 돌아온다. '돈을 잘 쓰는 것이 가장 잘 사는 방법'이라는 말이 있다. 곰곰이 생각해 볼 말이다.

⑧ 취미를 만들자

사소한 취미라도 시작하면 금세 발전한다. 봉사도 좋다. 봉사하는 것이 혼자 운동하는 것보다 건강에 좋다고 한다.

© 전수빈

취미를 통해 남을 도와주면 좋고 소득까지 생기면 더 좋다. 취미를 즐기다 보면 자연스럽게 인간관계의 폭도 넓어진다.

유지경성(有志竟成), 뜻이 있어 마침내 이루다

근자열원자래(近者說遠者來), 이웃에 있는 백성은 은혜(恩惠)에 감복하여 기뻐하고, 먼 곳에 있는 백성도 그 소문을 듣고 흠모하여 찾아온다.

우리를 위대하게 만드는 사람도, 우리를 무너뜨리는 사람도 모두 인간관계 안에 있다. 좋은 관계는 성공을 불러오지만 나쁜 관계는 성공을 무너뜨린다. 누구에게나 친절하고 사교적이며 따뜻한 사람이 인간관계를 발전시킨다. 다른 사람과 적이 되지 말아야 한다. 가까이에 있는 사람을 기쁘게 하면 멀리 있는 사람도 찾아온다.

인간관계의 폭을 넓히려면 관계망이 형성된 곳을 찾아가 그에 소속되어야 한다. 일상생활을 할 때도 우연을 필연으로 만들어 가는 노력이 필요하다. 성공한 사람들은 대부분 좋은 인간관계를 갖고 있다. 여기저기 폭넓게 활동하다 보면 인간관계를 유지하는 능력이 훈련된다. 많은 사람 속에서 보고 듣고 느끼면 자연스럽게 지혜를 얻을 수 있다. 또한 자신을 갈고닦을 기회도 얻게 되니 능력 있는 사람으로 변화하는 것이다. 함께 능력을 개발해 나갈 수 있는 사람들과 인연을 맺는 것 자체도 기쁨이며 행운이다. 동시에 그들에게서 많은 정보와 유행을 읽어낼 수 있다.

인생도처유상수(人生到處有上手), 인생의 발걸음이 닿는 곳곳에 삶의 깨달음을 얻은 자들이 있다.

혼자서는 한계가 있다. 나보다 훌륭한 사람을 많이 만나라. 그 어떤 일도 혼자서는 이룰 수 없다. 성공은 전염성이 강하다. 좋은 관계는 어디서나 유용하게 자신을 키워주는 에너지가 된다. 첫 번째로는 여러 분야에 참여하여 주도적으로 활동의 폭을 넓혀 보는 것이다. 그러면 뜻하지 않는 기회와 인생을 뒤집을 수 있는 행운을 얻게 될 것이다. 처음에는 신입으로 활동하겠지만, 능력이 배양되면 나중에는 리더가 될 수 있다. 인간관계를 통해 성공한 인생을 만들고 싶다면 유능한 사람을 찾아내 가까워져야 한다.

고수는 어디에 있는가? 깊은 산속에 있는 것이 아니라 사람들 속에 있다. 그 속에 뛰어들어 고수를 만나야 한다. 멘토, 즉 스승을 찾아내야 한다. 고수를 만나게 되면 하고자 하는 일을 절반 이상 성공한 것이나 다름없다. 용기 내어 고수를 찾고자 도전해야 한다. 그대로 밀고 나가는 힘이 필요하다.

두 번째 방법은 <u>스스로 돌아보는 것이다</u>. 좋은 인간관계를 만들고 싶다면 먼저 자신을 살펴보아야 한다. 상대를 배려하지 않고 계산적으로 행동하고 있진 않은가?

양해철

시영종합복지관에서 강의

상대에게 유익하고 만날수록 좋은 사람이 되어주어야 한다. '친구를 얻기 위해서는 먼저 친구가 되어주라'라는 명언처럼 말이다. 좋은 관계를 지속할 때 우정은 깊어지고, 새로운 기회도 생긴다. 물론 인간관계에도 연습은 필요하다. 긍정적으로 사고해야 한다. 실천할 수 있는 작은 목표부터 정한 뒤 성공의 경험을 쌓아가며 조금씩 바꾸면 된다.

말로 내뱉으면 더 큰 효과가 있다. "나는 능력이 부족해", "잘하는 게 없어"라는 부정적인 표현보다 "하면 될 거야", "될 때까지 해 보자"같이 긍정적인 말로 바꾸는 것이다.

생각을 바꾸면 삶이 달라진다

사람들은 시간이 생기면 하고 싶었던 일을 찾아서 한다. 스피치를 가르치다 보면, 시간 여유가 없어서 이제야 왔다고 말하는 사람이 많다. 미루다 보면 몇십 년이 훌쩍 지나가 버린다. 그래도 늦게나마 시작하는 사람들이 있다. 시기에 상관없이 무엇이든 시작하는 사람은 능력이 점점 향상되고 리더로 발전한다. 조금 더 일찍 시작했더라면 좋았을 텐데 하고 후회하기도 하지만, 70대에 시작해 강연하러 다니며 인생의 2막 또는 3막을 보람차게 보내는 사람도 있다.

어떤 수강생은 저녁 늦게 배우겠다 하고 다른 어떤 수강생은 아침 일찍 와서 연습하겠다고 한다. 시간은 내는 것이다. 바쁜 직장 생활을 하는 어떤 수강생도 시간을 내어 스피치를 열심히 배우더니 본인이 하고자 하는 일을 성취하게 됐다며 기뻐한다.

절친이 금요일 오전에 만나자고 하기에 글쓰기 모임이 있어 안 된다고 했다. 친구는 내게 신문에 칼럼도 쓰고 오래전에 시(詩)로 등단하여 시인 협회 임원도 하고 책도 낸 작가가 굳이 왜 그렇게까지 하냐고 물었다. 다른 일도 그렇지만 글쓰기도 일부러 시간을 내지 않으면 결과물이 생기지 않는다. 별거 아닌 것 같은 일도 계속하다 보면 발전하듯이 글쓰기도 꾸준히 하다 보면 좋은 글이 써진다고 설명했는데 다행히 공감해줬다.

지금 하는 '2023 동구 생애출판 사업 어르신 글쓰기 자서전 쓰기 교실'에서도 도중에 포기하는 경우를 여러 번 봤다. 지쳐서 그만두고 싶을 때도 있지만, 지속하다 보면 뜻밖의 결실을 얻기도 한다. 그래서 시작보다 지속이 중요한 것이다. 아무리 사소해 보이는 것도 하다 보면 분명 발전하기 마련이다.

관련 지식이 전무한 사람이 새로운 일에 도전할 때 가장 먼저 할 수 있는 일은 '시간을 내는 것'이다. 성과를 내려면 뭐라도 있어야 한다. 끈기 있게 지속하다 보면 목적지에 도착할 수 있다. 일주일에 한두 번씩 글을 쓰다 보면 어느덧

한 권의 책이 만들어지는 것처럼 말이다.

지금 하는 대부분의 일은 60~70대가 넘으면 계속할 수 없다. 나이가 들면 나이에 맞는 일을 찾아야 한다. 준비하지 않으면 후반기 인생을 의미 없이 허송세월로 보내기 십상이다. 미래를 준비하는 사람과 하지 않는 사람은 하늘과 땅 차이다. 평균 수명이 길어졌다. 늘어난 인생에 맞는 준비를 하지 않으면 가치 없는 후반기 인생이 될 수밖에 없다.

생각이 바뀌면 인생도 달라진다. 인생 후반기를 노년이라 생각하기보다는 또 다른 하나의 인생이라고 인식을 바꿔보자. 준비는 필수이다. 준비가 기회를 만나면 성공이 된다. 우리에게 중요한 과제는 인생을 멋지고 행복하게 영위하는 것이다. 그러기 위해서는 새로운 공부를 시도해야 한다. 준비하는 자에게는 거짓말처럼 기회가 온다. 준비하지 않으면 아무것도 할 수 없다.

매일을 지루하게 만드는 것은 변화 없는 익숙한 삶이다. 그러다 보면 눈에 총기가 사라지고 결국 할 일 없는 노인이 되고 만다. 익숙한 것만 계속하면 다른 건 아무것도 할 수 없는 약골이 된다. 그래서 우리는 계속 새로운 것에 도전해야 한다. 많은 사람 앞에서 발표하는 걸 목표로 삼고 스피치에 도전하는 것도 후반기의 긍정적인 삶을 살아가는 데에 도움이 될 것이다. 도전하는 사람은 활력과 생기가 넘치므로 인생을 누구보다 의미 있고 가치 있게 보낼 수

양해철

광주 전남 여성벤처협회 강의

있다. 편안하고 익숙한 것과의 이별은 더 건강하고 멋진 제2의 삶을 살 수 있도록 도와준다.

사람의 능력이나 진가는 편안하고 익숙한 삶에선 훈련되지 않는다. 우리의 천성은 편안하고 익숙한 것들만 좋아한다. 새로운 준비를 하기 위해선 생각과 행동의 틀을 깨야 한다. 그러면 변화가 보인다.

대중 앞에서 조리 있게 발표 정도만 잘해 보겠다고 스피치를 배우기 시작했던 사람이 목표를 높이더니 지금은 스피치 강사가 되어 바쁘게 살고 있다. 처음 시작할 때만 해도 남들 앞에 서면 다리를 후들후들 떨며 횡설수설했던 사람이다. 포기하지 않고 끈기 있게 하더니 이젠 대중 강연까지 한다. 제2의 인생을 충만하게 살기 위한 준비에 성공했다며 만족하고 있다. 60~70대가 넘어서도 할 수 있는 일이 생겼을 뿐만 아니라 다른 사람들에게 지혜와 용기를 전달하게 된 것이다. 게다가 소득까지 있으니 더욱 즐겁고 유익하다. 생각을 바꾸고 도전하여 새로운 삶, 가치 있는 삶을 만들어 가자.

어떤 일이든 혼자서는 할 수 없다

다양한 곳에서 사람들을 만나고 헤어지는 것이 사회생활이다. 혼자서는 살아갈 수 없다. 그래서 서로 도우며 발전해 나가는 것이다. 연락처나 명함을 주고받지 않으면 대인관계의 폭이 좁아진다. 이름과 전화번호만 적힌 명함을 건네도 되지만, 더욱 적극적인 표현이 담긴 명함으로 자기 일과 특색을 보여주면 좋다. 명함은 자신의 부분적인 인상을 형성한다는 점을 유의해야 한다. 흥미로운 로고와 표현이 자신의 이미지를 좋게 만든다. "다른 사람이 필요할 때가 있겠구나" 하고 간직하고 싶어 할 만한 명함을 만드는 것이 좋다.

'세상은 한편의 무대이며 대부분 사람은 한심할 정도로 연습이 부족하다'라는 말이 있다. 준비가 부족하다는 뜻으로 해석할 수 있다. 자신을 드러내는 기회는 자신이 만드는 것이다. 명함만 잘 활용해도 기회의 화살을 명중시킬 확률이 높아진다. 아무것도 하지 않으면 아무것도 이루어지지 않는다. 먼저 시도하라. 마음을 전달하는 한마디와 명함을 건네는 것이 인연을 만들고 운명을 바꾸는 계기가 된다. 언제 어디서든 미래에 영향을 줄 수 있는 사람을 만날 수 있다. 만나야 한다. 관계는 만들어 가는 것이다.

우리는 상대를 잘 모르는 상태에서 그 사람을 나름대로 판단하고 규정짓는다. 첫인상부터 호감 가는 사람이 있는가 하면 호감이 가지 않는 사람도 있다. 전혀 모르는 사람이라 해도 말투나 표정으로 다가오는 느낌이 좋은지 싫은지 구분된다.

누구나 자신만의 이미지를 가지고 있다. 이미지와 인상은 단순히 외모로만 형성되는 게 아니다. 태도, 표정, 말투, 말의 내용 등 다양한 것들이 모여 만들어진다. 그리고 무의식이 내 인생에 막대한 영향을 행사할 수도 있다. 자신의 어떤 모습이 이미지화되고 그게 인생 자체를 좌지우지할 수도 있다는 걸 잊지 않아야 한다. '당신의 가장 큰 자원은 당신이 만나는 사람들이다'라는 말이 있다. 친화력을 발휘하기 위해선 미리 대화 주제를 준비해 두어야 한다. 책을 읽거나 사람들의 대화를 주의 깊게 들으면 도움이 된다. 마음을 흔드는 대화를 하기 위해선 상대방과 시선을 맞추고 진지한 태도로 임해야 한다. 자연스럽게 말할 수 있도록 연습해야 한다. 준비된 대화는 짧은 만남도 훌륭한 관계로 만들어줄 것이다.

   새로운 사람과 친해지고 싶어 하면서도 처음 보는 사람한테 다가가는 두려움을 극복하지 못해 좋은 기회를 놓치는 경우가 많다. 그래서 준비가 필요한 것이다. 준비해 두면 실행하고 싶어진다. 대화를 나누는 그룹을 찾아가 경청하고 찬스를 포착해 관심을 표명하는 것이 중요하다. '당신에게 걸어와서 먼저 손을 내밀며 인사하는 사람이 큰사람이다.'라는 말을 기억해 두자.

   가장 접근하기 좋은 사람은 혼자 있는 사람이다. 그 사람 역시 어색함을 느끼고 있을 것이다. 당신이 먼저 다가가면 고마워할 확률이 높다. 수처작주(隨處作主)라는 사자성어가 있다. '가는 곳마다 주인처럼 역할 하라'는 의미이다. 다른 사람에게 관심을 보이고 흥미로운 이야기를 나누며 친절을 베풀어라. 지금 다 같이 모인 곳의 분위기, 느낀 점, 음식 등 다양한 감상이나 혹은 모임의 주제로 대화를 시작하면 다른 사람과 금세 가까워질 수 있을 것이다.

사랑이 아니면 아무것도 아니다

살아간다는 것은
흘러가는 것이다

구름도 바람도
사랑도
흘러간다는 것이다

사랑은 어디에서 흘러와
어디로 가는가

어떤 사랑은 詩가 되고
어떤 사랑은 상처가 된다

사랑이 흐르고

양해철

구름도 흘러가고
詩는 노래가 된다

사랑은 외로운 것이다
살아간다는 것은
홀로인 것이다

홀로 외로움을 만날 때
나는 나지막이
그대 이름을 부른다

살아있다는 것은
사랑하고 있다는 것이다
사랑이 아니면
아무것도 아니다.

양해철

ⓒ 전수빈

정해자 鄭海子 이야기

저는 전라남도 곡성군 옥과면 합강리에서 음력으로 1955년 2월 27일에 태어났습니다.

항상 긍정적인 생각으로 어떤 어려움도 웃고 넘기며 활기차게 지내왔습니다. 지금은 꿈을 찾아 무엇이든 도전하고 배우며 열심히 살고 있습니다.

가족에게 보내는 한마디

사랑하는 가족! 네 딸과 두 사위, 손자와 손녀들. 모두 무탈하고 건강하며 하는 일 잘됐으면 좋겠다. 그리고 나의 남편! 늘 처음처럼 사랑하고자 합니다. 언제나 열정적으로 도전하는 나를 옆에서 적극적으로 도와줘서 고마워.

내 인생의 키워드

오늘의 내가 내일의 나보다 좋다.

나의 유년 시절

나는 곡성군 옥과면 합강리에서 태어났다. 내 이름 '해자'는 바다처럼 넓은 곳에서 활기차게 살아가라는 의미이다. 그런 내게 곡성은 너무나 좁고 갑갑한 시골이었다. 아버지도 엄청 엄격했다. 자라면서 이해하기 힘든 일들이 많았다. 훈육한답시고 넓은 마당에 달팽이를 그려놓고 그 선을 따라 몇 바퀴씩 돌게 했다. 초등학교 입학 전, 내 키보다 한참 커 마음대로 가눌 수 없는 긴 간짓대로 새를 쫓으라고 한 적도 있었다. 입학한 후에는 꼭 네모난 가죽가방을 들고 다니게 했다. 다들 책보자기를 메고 다니던 시절이라 혼자 다른 가방을 쓰는 게 부끄러웠지만, 아버지의 말을 어길 수는 없었다.

그래도 아버지는 나름대로 나를 예뻐했다. 어른들도 파마하기가 쉽지 않던 시절인데 나는 파마머리도 해 봤고, 귀한 천이던 포플린으로 만든 꽃무늬 한복과 꽃고무신도 신었다. 사실 나는 파마머리가 싫었다. 원래도 이목구비가 뚜렷한데 파마까지 해놓으니 얼마나 눈에 잘 띄었을지 지금 생각해도 싫다. 게다가 그땐 파마를 기계로 하는 게 아니라 화롯불에 달궈서 해야 했다. 나는 파마를 하다가 화상 입을까 봐 무서웠다. 하지만 이제는 첫딸이기에 누릴 수 있었던 사랑이라고 생각한다.

초등학교 입학 무렵인 1962년, 어머니는 시골 생활이

불편했는지 광주로 이사 가자고 아버지를 설득했다. 어머니는 광주 서동이 고향이라 농사를 지어본 적이 없어 곡성 생활을 어려워했다. 결국 우리 가족은 광주 돌고개로 이사했다. 하지만 두 분 다 직업이 없어서 가난하게 생활해야 했다. 이사 온 지 1년 정도 지났을 때, 나는 배가 너무 고파 쌀통 밑바닥에 있는 쌀 한 움큼을 몰래 훔쳐 먹다 아버지에게 들켰다. 맞아 죽을지도 모른다고 생각했다. 나는 겁에 질린 채 대문 근처 화장실에 숨어 있다가 외갓집으로 도망쳤다. 외갓집은 서동인데, 공동묘지를 지나 한참 가면 나오는 전도관이란 교회 뒤에 있었다.

　비가 주룩주룩 내리는 토요일 밤이었다. 아버지가 나를 찾으러 왔다. 난 이제 죽었다는 생각이 들었다. 그런데 이모 한 명이 아버지에게 토요일이고 비도 오니 내일 교회에 갔다가 집으로 보내겠다고 말해주었다. 그렇게 그 순간을 모면할 수 있었다. 그런데 일요일 아침이 되자, 둘째 이모가 내게 안 가냐고 물었다. 나는 그대로 외할머니네 집을 나와버렸다. 밥이나 먹여주고 가라 하지……. 지금이야 장난이었다는 생각이 들지만, 그때는 이모가 한없이 미웠다.

　나는 큰집으로 가기 위해 대인동에 있는 종합버스터미널로 가서 무작정 옥과 가는 버스를 탔다. 옥과에선 합강리 가는 버스를 탔다. 당시 어린이는 버스

정해자

요금을 내지 않고 탔던 걸로 기억하고 있다. 큰집은 합강리에서 내린 뒤 한참 또 걸어가야 했다. 그런데 전날 큰비가 온 탓인지 개울물이 넘실거리고 있었다. 앞선 어른이 먼저 개울을 건널 때 보니 물이 허벅지까지 차 있는 것 같았다. 나는 왜인지 모르게 개울을 건널 수 있을 것만 같아서 중간까지 성큼성큼 걸어갔다. 하지만 결국 떠내려가고 말았다. 앞에 있던 어른이 구해주지 않았더라면 큰일 났을 것이다. 나는 어두워진 무렵에야 젖은 몸으로 큰집에 도착할 수 있었다. 큰아버지랑 큰어머니가 어떻게 왔느냐고 물었지만, 나는 아무 말도 하지 못했다.

며칠 후, 큰아버지가 나를 광주로 데려다주었다. 나는 아버지가 무서워 집에 들어갈 수 없었다. 결국 또 집 뒤에 있는 조그마한 창고에 숨어버렸다. 밖에선 어머니가 날 부르며 울고 있었다. 나는 "엄마, 나 여기 있어." 하고 말했다. 내 목소리를 듣고 달려온 어머니는 나를 부둥켜안으며 이제 아버지가 때리지 않기로 약속했다고 알려주었다. 아버지는 그다음부터 정말 나를 때리지 않았다. 그때 어머니는 나를 찾으려고 동네를 사방팔방 뛰어다녔다고 했다. 지금 생각하면 참 죄송스럽다.

그리고 아버지는 1963년경 사법서사에 취직했다. 곡성에선 우리 가족 소식에, 개천에서 용 났다며 야단법석이었다고 한다. 이후 아버지는 새로 공부해서 목포검찰청에 취업했다. 집에는 토요일에 왔다가 일요일

늦게 다시 목포로 내려가곤 했다. 어머니는 동생들 챙기느라 너무 바빠서 아버지가 근무하는 곳에 가 볼 생각을 한 번도 못 했다고 했다. 이후 우리 가족은 산수동 깃대산이라고 불리는 산동네로 이사했다. 나는 초등학교 3학년 때 중앙초등학교로 전학 갔다.

    초등학교 때 내 별명은 얼굴이 까매서 '깜씨'였다. 나는 반장, 부반장과 친했고 그 친구들 집에 가서 자주 놀았다. 6학년 때는 나름 전성기였다. 점심시간에는 내 주변으로 친구들이 많이 모였다. 담임 선생님에게도 주목받았다. 그래서 아버지와 어머니가 학교에 찾아와주기도 했다. 나는 그저 어른들의 기대 속에서 행복하게 초등학교 졸업을 했다.

나의 학창 시절

    중학교 때는 반장을 했다. 어려운 친구들을 위해 수학여행 참가비를 대신 내주기도 했고, 참고서를 사면 다 같이 돌려봤다. 당시에는 잘 사는 집 애들에게만 도시락을 싸주는 사람이 있었는데, 우리 집에 있던 언니는 밥 위에 얇게 편 달걀 지단을 얹고 멸치볶음이나 어묵 그리고 분홍 소시지를 같이 담아줬다. 그때 서무과에 내는 납부금이 4,000원 정도인 걸 생각하면 내 용돈 2,000원은 많은 양이었던 것 같다. 유복한 생활이었다.

    하루는 나가 놀고 싶은 마음에, 반장을 맡은 이래 처음으로 학급 일 핑계를 대고 다른 임원들에게 사복을 챙겨 오라고 했다. 우리는 짐을 챙겨 증심사 계곡으로 갔다. 물이 어찌나 맑은지 우리들의 마음 같았다. 우리는 돌 밑은 숨은 다슬기도 줍고, 물장구도 치고, 물싸움도 했다. 그런데 옷이 다 젖어버려서 바로 학교에 갈 수 없었다. 하교 전까지 도착해야 했다. 우리는 그늘막 없는 바위에 옷을 말렸다. 그리고 아무 일 없던 것처럼 학급 물품 몇 개 사 들고 돌아갔다. 아직도 엊그제 일처럼 생생하다. 며칠 전 모임에서 그때 일을 이야기하며 또 다 같이 까르르 웃었다. 학급 일 핑계를 대고 점심시간에 임원들끼리 짜장면을 먹으러 간 적도 있었다. 짜장면을 주문하니 포도주처럼 생긴 순한 술이 함께 나왔다. 우리는 돌아가면서 한 모금씩 마셔보았다. 다들 볼이 발그레해져서 바로 학교로 돌아갈 수 없었다. 다행스럽게도 친구 한 명이 교감 선생님 딸이어서 학교 내 관사에서 쉬다 갈 수 있었다. 우리는 얼굴빛이 돌아올 때까지 기다렸다가 교실로 갔다.

    담임 선생님을 바꿔 달라고 반 단체로 시위했던 일도 기억난다. 우리 반 교실에는 화병이 있었는데, 당번이 일주일에 한 번씩 꽃을 꽂아 둬야 했다. 그런데 당번이었던 누군가가 그 일을 하지 않았고 빈 화병을 본 선생님은 화를 냈다. 선생님은 화병에 꽃을 꽂아 두지 않은 벌로

종례 때까지 각자 책상 위에 꽂꽂이해 놓으라고 했다. 나는 친구들에게 학교 뒤에서 들꽃이나 풀을 뜯어오자고 말했고, 그 모습을 본 담임 선생님은 자신을 우롱했다며 더 화를 냈다. 나는 선생님에게 체벌까지 당했다. 그래서 교무실에 찾아가 담임 선생님을 바꿔 달라며 몇 날 며칠을 시위했다. 하지만 선생님은 바뀌지 않았다. 나중에 선생님은 목사가 되었다. 이제 선생님과 나는 가끔 연락하면서 서로에게 어려운 문제가 있으면 돕는 좋은 관계로 지낸다. 늙어가는 얘기를 할 때면 함께 슬퍼진다. 정말 철딱서니 없는 행동들이지만 그때는 그게 아름다운 추억이 될 줄 알았다.

　중학교 2학년 때는 수학여행을 갔다. 밤이 되자 선생님은 "자, 취침 시간!" 하면서 각 호실을 점검했다. 우린 일단 불을 끄고 자는 척했다. 그리고 다른 호실보다 먼저 담임 선생님을 불러 깜짝 놀라게 하기로 계획했다. 한 친구가 계획대로 갑자기 아프다며 선생님을 불러왔다. 우리는 문 앞에서 이불을 들고 기다렸다. 그리고 선생님이 들어오자마자 바로 이불로 덮어버렸다. 선생님은 장난스럽게 넘어가주었다.

　다음 날은 일출을 보러 가는 일정이었다. 우리는 어떻게 하면 늦잠을 잘 수 있을지 고민했다. 신발을 뒤죽박죽 섞어 놓기로 했다. 결국 신발을 찾는 데 1시간이 넘게 걸려서 일출을 보지 못했다. 지금 생각하면 한심하다. 멋진

정해자

© 송은별

장관을 못 본 아쉬움이 너무나 크다. 다시 그런 기회가 올지는 모르겠다. 그래도 그때 기억을 나름 예쁜 추억으로 간직하고 있다.

고등학교 졸업하고 나서는 서울 동대문구 신설동에 있는 전화국에 취직했다. 사무실이 산꼭대기 동네에 있어서 물도 길어 먹어야 했고, 비가 오면 아궁이에서 물이 샜다. 아버지가 지방 검사직을 그만두고 서울 변호사실에서 근무하게 된 시점이었다. 아버지가 작은엄마랑 살림하는 시기이기도 했다. 정확히는 지방에 있을 때부터 그랬다. 아버지는 서울 광진구 구의동 이층집에서 잘 살았으면서 나를 대학에 보내지 않았다. 그때 나는 어떻게든 아버지에게 돈을 받아 광주에 계신 어머니에게 보내곤 했다.

전화국에서 일한 지 3년 만에 자동화 다이얼이 되었다. 나는 해남전화국으로 옮겨갔고 북일우체국으로 근무지를 받았다. 어머니는 내게 일을 그만두라 했지만 나름 재미있었다. 우체국 관사에 살면서 초등학교 선생이랑 파출소 사모님들과 친하게 지냈다. 하지만 큰딸이란 이유로 포기해야 했던 학업에 대해 아쉬움은 지금도 남아 있다.

나의 결혼 생활

내가 일하던 북일우체국 뒤에선 오일장이 열리곤 했다. 군대 간 동창생 한 명이 내동리에 살았는데, 장날이면 가족들과 함께 장을 보고 우체국으로 왔다. 동창생은 장에 올 때마다 내가 식구 될 사람이라며 소문냈다고 한다. 시골에선 그렇게 해야만 다른 사람들이 함부로 하지 않는다는 게 이유였다. 그래서 나는 첫사랑인 그 동창생과 1979년도 12월 24일에 결혼했다. 신혼여행은 백양사로 갔다. 눈이 정말 많이 내렸는데도 마냥 좋았다.

직업이 없던 남편은 결혼하고 1년 뒤에 신문사 운전부로 일하게 되었다. 한 달 봉급은 10,000원이었다. 그런데 적금으로 8,700원을 넣고 나니 생활비가 부족했다. 나는 부업을 시작했다. 타자기 두 개를 사서 상고생을 가르쳤다. 그리고 반에서 꼴등 하던 남학생 둘도 공부시켜 고등학교에 보내니 내가 다 뿌듯했다. 뜨개질도 했다. 목표는 큰애가 초등학교에 들어가기 전에 집을 사는 것이었다. 나는 공장에서 속옷이나 필름, 액세서리를 받아 판매하는 일도 하고 살림까지 했다. 결혼하고 7년 정도 지나서야 마침내 남편 이름으로 집을 하나 살 수 있었다. 시부모님이 무척 기뻐했다. 동네에 떡도 나눠주었다. 그때 우리 집에는 이사 가기 전까지 총 네 가정이 세를 들었다. 한전 아줌마, 전화국 유진 엄마, 교사 사모님네, 한주 씨네.

나는 매번 그들에게 집을 사라고 조언했고, 그들이 모두 각자의 집을 살 수 있도록 도와줬다.

　큰애가 학교에 다니면서, 자연스럽게 나는 학부모회를 시작했다. 학교에 장학사가 오는 날이면 바닥에 흙이 묻지 않도록 신발 위에 버선을 신어야 했다. 버선은 직접 만들어야 해서 어머니회 사람들과 냉커피 한 사발씩 마셔가며 작업하곤 했다. 그때 많이 웃고 떠들었다. 시내 지하 짜장면 집에는 커다란 업소용 선풍기가 있었다. 가까이 가면 바람에 몸이 흔들리는 게 신기했다. 돼지갈비를 소갈비라고 착각하고 먹은 날엔 배꼽 잡고 웃었다. 베트남 고추로 매운 김치를 만들기도 했다. 학교 시험 기간에는 여기저기 전화를 걸어 누가 몇 점 맞았는지 물어보며 1등을 갈구했다. 모두 부질없는 욕심이라는 걸 지금에서야 알 것 같다. 그래도 그때가 참 그립다. 젊음과 꿈과 욕망이 있으니 무서울 게 없었다.

　그런데 갑자기 남편이 잘나가던 직장을 그만두고 사업을 하겠다고 했다. 남편 친구가 본인은 신용불량자라 남편 이름을 빌려 쓰는 대신 봉급을 준다고 한 것이었다. 남편은 퇴직금과 대출받은 돈으로 장성에 200평짜리 공장을 인수했다. 하지만 3개월 후 IMF가 터지고 말았다. 공장도 집도 모두 경매로 넘어갔다. 오갈 데도 없고 일도 없었다. 죽겠다고 자리에 누운 남편을 일으켜 세우는 데만 2년이 걸렸다. 나도 힘들었지만, 같이 무너질 순 없었다.

정해자

아이들이 있으니 더욱 그랬다. 힘을 내야 했다. 남편을 신용불량자로 만들지 않기 위해 새벽부터 밤늦게까지 열심히 일했다. 애들까지 죽을 맛이었다. 2022년도까지 부채가 따라다녔지만, 파산 신고라는 쉬운 길을 마다하고 전부 해결했다. 1998년도쯤에는 미용 기술을 배웠다. 무모한 도전이었지만 끝내 자격증을 따서 미용실 운영까지 했다.

그런데 2019년, 남편이 위암 3기 판정을 받았다. IMF 이후 또 시련이 찾아온 것이다. 73kg이었던 남편은 58kg까지 빠져서 걸음도 휘청휘청하고 흐느적거렸다. 내가 이것저것 해줘도 짜증만 내기 일쑤였다. 음식에서 아무 맛이 안 난다며, 나보고 직접 먹어 보라고 했다. 감각도 둔해진다고 했다. 암은 정말 나쁜 친구다.

그로부터 4년이 지났다. 지금 남편은 67kg을 왔다 갔다 한다. 이제 나보다 음식을 더 잘 삼킨다. 남편이 암 수술을 한 지난 3년간은 아무것도 할 수 없어서 또다시 형편이 어려워졌다. 동네 미용실로는 감당이 안 됐다. 2년 동안 동구청에서 주는 일이란 일은 가리지 않고 모조리 했다. 그런데 동구청에서 다른 사람에게도 혜택이 가야 한다며 1년은 쉬라고 했다. 그래서 나는 미용실을 접고 요양보호사 자격증을 땄다.

작년에는 남편에게 건강을 위해 3시간짜리 일이라도 해 보는 건 어떠냐고 제안했다. 그 이후로 남편은 동구청에서

정해자

내 가족, 비가 오나 눈이 오나 생사고락을 함께하는

주는 주차 관리나 환경미화 일을 열심히 하고 있다. 70대를 앞두고 있으니 어떤 것도 쉽지 않지만 그래도 일할 수 있음에 감사하며 하루하루를 보내고 있다.

나의 딸들과 내 가족이 된 사위들

나는 첫째와 둘째가 공부를 잘했는데도 불구하고 가정 형편 때문에 어쩔 수 없이 상고에 보냈다. 고등학교는 장학금을 받으며 다녔다. 딸들은 물려받은 교복도 마다하지 않았다. 두 딸은 졸업하기도 전에 취업을 해줬고, 월세에서 전세로 옮기던 시기에 많은 도움을 주었다. 우리는 모두 함께 열심히 살았다. 연약하지만 보물 같은 큰딸과 개성이 강하고 야무진 둘째 딸이 있었기에 우뚝 설 수 있었다. 두 딸은 어려운 일이 터지면 해결사처럼 나서서 처리해주곤 했다. 하지만 남편 사업 실패의 후유증은 너무나도 컸다. 모든 걸 빼앗기고도 몇 년이 지나면 금세 또 갚아야 할 돈이 생겼다. 갚고 또 갚았다. 그러다 남편은 큰딸을 시집보낼 때가 됐는데 우리는 집 한 채도 없다며 투덜댔다. 나는 그런 남편을 보고 집을 사야겠다고 생각했다. 또 두 딸의 도움을 받아 이층집을 샀다. 딸들은 직장 생활로 바쁜 와중에도 대학 졸업장을 취득했고 교사 자격증까지 땄다. 마음이 아팠다. 내가

정해자

나들이의 즐거움, 만찬을 기다림

뒷바라지를 잘했으면 의사나 약사 정도는 문제도 아니었을 텐데. 고맙고 미안하다. 가끔 물어보면 그래도 후회는 없다고 한다. 내 생명 다하는 날까지 도와주고 싶다. 셋째 딸에게도 고맙다. 살림에 직접적인 도움을 준 건 아니지만, 제 앞가림 잘해서 시집도 가고 아들딸 낳아 시부모님에게 사랑을 듬뿍 받고 있다. 잘 살아줘서 한시름 놓인다. 넷째는 귀엽고, 깜찍하고, 눈망울이 초롱초롱한 아이다. 내가 미용 기술 배우랴, 가게 하랴, 여러 이유로 혼자 남겨둔 적이 많아서인지 항상 사랑에 목말라한다. 그런 점들이 미안하다.

큰사위는 키와 덩치가 크다. 마음도 태평양이다. 큰딸과 큰사위는 서로가 가진 게 없어도 마음이 통하고 같이 있으면 편하다고 했다. 큰딸은 남편이 아빠처럼 고집도 없고 대화할 땐 순응도 잘해주며 긍정적이어서 좋다고 했다. 사돈도 큰딸을 정말 많이 예뻐한다. 큰딸이 시댁에 가면 시아버지와 시어머니가 가만히 앉아 있으라 하고 라면도 끓여주고 커피까지 내준다고 했다. 얼마나 축복받은 일인가. 사돈은 조그마한 선물에도 기뻐해주시는 분들이다. 꼭 가진 게 많아야 행복한 게 아니라는 걸 몸소 보여주시니 나 또한 많이 배웠다. 두 분 다 건강하셨으면 좋겠다.

둘째 사위는 목숨 걸고 사랑을 쟁취했다. 나이도, 돈도 초월할 줄 아는 멋진 남자라고 생각한다. 내 아들이라면

짠할 정도다. 내가 옛날 사람이라 그런가 보다. 이 부부
또한 가진 것 없이 시작했지만, 지금은 예쁘게 잘 산다.
시댁의 며느리 사랑 또한 무한하니, 내 마음도 흡족하다.
여기서나마 사돈의 건강을 기도해 본다. 두 분 모두
건강하세요. 손주들에게 듬뿍 주신 사랑, 다시 손주들에게
듬뿍 받으시길.

고마운 사람들

정해자

나는 팔 남매 중 장녀다. 우리 어머니는 매일 점심때면
밥 먹고 일해야 한다며 사위가 좋아하는 갈치 조림,
갈치구이를 해놓는다. 형제들은 성의 표시라면서 수시로
봉투를 내민다. 어떤 동생은 봉투 대신 가끔 계좌이체를
해준다. 열심히 살아서 다 갚고 싶은데 장담은 못 하겠다.

특히 어려울 때마다 막내 시숙님이 도와주셔서 사는
발판에 정말 많은 도움이 됐다. 첫째 결혼시키기 전에
자그마한 집 한 채를 샀을 때도 시숙님은 너무나 좋아하며
내게 고맙다고 하셨다. 그 반응을 보고 더욱 기뻤다.
요즈음 시숙님은 정년퇴임 후 낚시로 잡은 가자미를
손질해서 보내주신다. 동생이 생선 좋아하는 걸 알고
이토록 사랑을 베풀어주신다. 항상 건강하시길 기도한다.

그리고 이렇게 글로나마 엄마, 막내 시숙님, 우리 형제들, 내

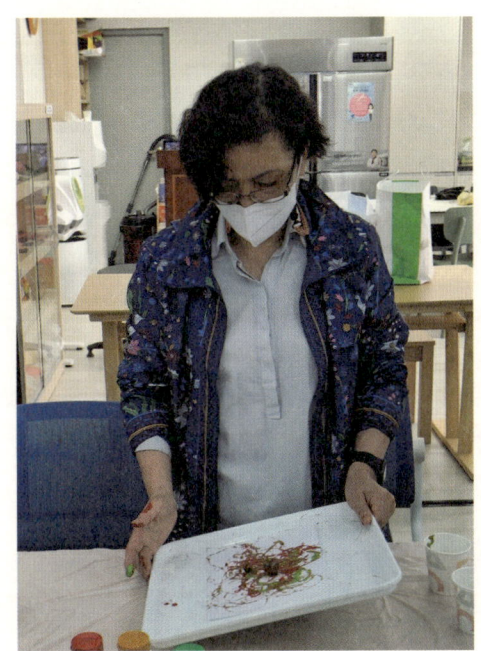

미술 공부를 하면서

자녀들에게 고마움을 전한다. 모두에게 정말 감사하다.

결혼 이외의 생활과 현재의 포부

   2012년 가을부터 2013년까지 서동에 있는 복지관에서 무보수로 봉사했다. 동구 복지관에서는 6개월 동안 미용 봉사를 했다. 미용을 같이 배웠던 친구들은 지금도 미용실을 계속 운영하고 있다. 우리끼리 모임도 있다. 나는 그 친구들이 그래도 돈을 벌라고 해서 집 가까이에 미용실을 차려 10년을 했었다. 집안일부터 취미생활, 주민센터 봉사까지 하느라 나름 바쁜 나날을 보냈다.
   지금은 취미생활을 많이 한다. 일주일 내내 일정이 빡빡하다. 요양보호사 자격증으로 어르신 돌보미를 하고, 라인댄스, 글쓰기, 스피치, 하모니카, 기타, 시 낭송까지. 온종일 바쁘다. 요즈음은 시 낭송과 시조 공부를 특히 열심히 하고 있다. 작품을 남기기 위해 캘리그래피도 꾸준히 하고 있다. 계속하다 보면 또 하나의 길이 열릴 거라고 믿는다.
   인연은 나를 성숙하게 만든다. 자서전 쓰기도 인연이 만들어준 기회였다. 이곳에도 역시 감격스러운 만남이 기다리고 있었다. 우리 조에는 스피치 선생님도 있어서 자서전을 쓰는 동안 좋은 말씀을 많이 들었다. 성공은 어느

280 / 281

© 송은별

날 갑자기 찾아오는 게 아니라 늘 준비해야 만들어진다고 했다. 빌 게이츠가 스피치를 배워 수천 배의 효과를 냈듯이 나도 좋은 스피치 선생님을 만났으니 앞으로가 기대된다. 기회가 왔을 때 놓치지 않고 행운으로 만드는 사람이 되고 싶다. 이렇게 다양한 삶을 들여다보며 또 한 수 배운다. 배움에는 끝이 없음을 느낀다. 지금의 나를 만들어준 많은 선생님께 감사드린다.

하루하루 할 일이 있으니 행복하다. 오늘이라는 남은 인생의 가장 젊은 날을 살고 있으니 행복하다. 행복하다고 생각하니 행복하다. 무엇이든 열심히 하면 결실이 따를 것이다. 꾸준한 노력은 성과를 가져다줄 거라고 믿는다.
다음은 초복, 중복, 말복을 주제로 내 삶을 표현해 본 시조다. 마지막으로, 이 글을 읽는 사람들에게 도전해 보고 싶은 일이 있다면 아낌없이 자신을 위해 투자해 보라고 말하고 싶다.

삼복더위

금수저 좋아했지
철없던 어린 시절
모두가 그럴 거라

착각 속에 살았었지
하지만 순간이었네
초복 지난 내 유년

무지개 꿈을 찾아
헤매던 청춘일 때
한여름 그대 사랑
하늘 그늘 찾아갔지
중복 날 무지개 꿈은
사랑 속에 뜬구름

다시금 돌아봐도
갈 수 없는 길을 찾아
가다 오다 사라진
사랑도 끝날 무렵
말복도 지나고 보니
따뜻했던 여름날

정해자

ⓒ 송은별

글쓰기 멘토 후기

조선대학교 문예창작학과

글쓰기 멘토 후기

김보경

    제게는 잊고 싶은 기억과 잊고 싶지 않은 기억이 있습니다. 잊고 싶은 기억은 나이 앞자리가 지금의 세 배가 되면 더 이상 떠오르지 않을 거라 믿었습니다. 잊고 싶은 기억은 영원히 잊고 싶고, 저는 3을 좋아하니까요. 선생님들께서는 예순이 넘으십니다. 제 나이 앞자리의 세 배 이상이시지요. 첫 만남 때 선생님들께 인생의 가장 기뻤던 순간과 슬펐던 순간을 여쭈었습니다. 선생님들께서는 각각의 기억을 모두 간직하고 계셨습니다. 그리고 흔쾌히 이야기해주셨습니다. 말씀하시는 동안의 표정은 담담하기까지 했습니다. 잊고 싶은 기억이 시간이 지나도 잊히지 않는다는 사실은 무서웠지만, 그것과 함께 살 수 있고 말로써 덤덤하게 재현할 수 있다는 것은 큰 위로가 됐습니다. 이야기를 들려주셔서 감사합니다. 선생님들의 생을 듣는 시간임에도 종종 제 이야기를 물어주셔서 제 기억을 말할 수 있는 용기를 배웠습니다. 선생님들의 이야기, 함께한 시간, 그때의 감정을 잊지 못할 것 같습니다. 잊고 싶지 않은 기억을 만들어주셔서 감사합니다.

이민주

처음 만나는 날부터 글짝꿍에게 주려고 가져왔다며 간식을 쥐여주시고, 그저 자기소개에도 버벅거리던 제게 괜찮다며 웃어주시던 모습이 아직도 눈에 선합니다. 매주 선생님들의 이야기를 들으며 어쩐지 제 외할머니가 생각이 났어요. 신기하게도 제 외조모님과 한 선생님의 성함이 같았습니다. 가슴 한구석이 시큰거렸어요.

어느 날, 타이핑해온 원고를 보실 때, 안경을 쓰고 사뭇 진지한 눈으로 읽어내려가시던 그 장면이 기억납니다. 새어나오는 웃음과 눈에 고인 눈물이 '아, 내가 허투루 하지 않아야겠다'는 생각을 다잡게 만들었어요.

선생님들의 어린 시절과 청년 시절, 결혼과 생계를 짊어진 삶이 깃든 그 시대를 머릿속에 그려 보며 선생님들께 한 발 더 가까이 다가간 기분이었어요. 나누어주셨던 따뜻한 마음을 저는 평생 잊지 못할 것 같습니다. 제게 많은 것을 가르쳐주셔서 감사합니다. 늘 건강하세요.

양수경

선생님들께선, 우리는 서로를 통해 배우기 위해 이 자리에 모인 것이라고 하셨습니다. 분명 제게 부족한 점이 많았을 텐데도 불구하고 끝까지 믿고 따라와주셔서 정말 감사하다는 이야기를 다시 한 번 전하고 싶습니다. 막연한 시간 앞에서 꿋꿋하게 삶을 이어나가신 그 용기와 의지를 저도 본받아서 앞으로 잘 살아내겠습니다. 각자 오랫동안 마음속에 품어온 꿈을 꼭 이루시길 기도할게요. 제가 언제나 응원하고 있습니다! 건강하세요!

김영일

원고의 말미에 적힌 '고맙다'는 말을 유난히 곱씹게 됩니다. 저는 그 말에 품위가 있다고 느낍니다. 어려웠던 시절과 무수한 고난을 반추한 끝에 나온 답이라 더욱 그렇습니다. 내가 어려운 이유를 탓하기보다, 이렇게 어려워도 당신 덕에 살아냈음을 알리는 말. 그런 말로 맺어진 글에는 삶의 고통을 크게 품어내는 끈끈한 인간미가 두드러집니다. 그런 글들과 함께해 행복했습니다. 저도 힘껏 살아가겠습니다.

오민주

한 편의 글에 다 담을 수 없을 만큼 사람과 생은 복잡하지요. 몇백 권이 되더라도 마찬가지일 거예요. 저희를 이루는 어느 것도 좋은 것과 나쁜 것으로 단순히 나눌 수 없고, 과거는 버거우며 미래는 알 수 없으니까요.

여느 이십 대들이 그렇듯 저 역시 그 사이에서 헤매고 있었는데요. 어르신들과 이야기를 나누며 정말 중요한 것이 무엇인지 다시금 깨달았어요. 되짚어 보면 저를 잃어버릴 것 같은 순간마다 이끌어주던 손들이 있더라고요. 그런 큰 힘이 저에게도 있는지는 모르겠지만 어딘가를 가리키는 손짓만큼은 되어야겠다고 다짐해요. 믿고 이야기 나눠주시어 감사합니다. 어르신들의 미래에 행복과 평안이 가득하기를 바랄게요. 그렇지 않은 순간도 버틸 수 있도록요. 건강하세요!

구시언

'어르신들의 이야기는 책 같았습니다. 어느 날은 주저앉은 제게 손을 내밀었고, 언제는 가벼운 웃음을 줬어요. 어떤 멋들어지게 쓴 문장보다도 와닿는 이야기를 들어서 좋습니다. 두고두고 떠올리며 일어나고, 웃을 거예요. 감사합니다.'

류혜민

자신의 큰 일생을 담담하게 들려주시던 선생님의 목소리와 표정이 잊히지 않습니다. 선생님들과 이야기를 나누고 돌아가는 길에는 스스로에게 많은 질문을 하며 인생을 되돌아보기도 했습니다. 결국 나의 삶을 온전히 보듬을 줄 아는 자세가 필요하다는 나름의 결론을 짓게 되었습니다. 선생님들도 행복과 좌절의 시간이 있었지만 낙담하지 않고 현재의 행복을 포기하지 않는 모습이 존경스러웠습니다. 마치 다시 성장통을 겪은 것만 같습니다. 한 사람의 인생을 알아간다는 건 함께 성장하는 일인가 봅니다. 자서전을 읽을 독자분에게도 이러한 좋은 통증이 전달되면 좋겠습니다. 감사합니다.

류여진

선생님들의 이야기를 들으면 용기가 생겼습니다. 그 용기로 멀어졌지만 그리운 사람, 매일 연락하지만 낯부끄러운 말은 전하지 못한 사람, 연락조차 못한 사람들에게 다가가기로 저와 약속했습니다. 누군가의 삶을 자세히 들여다보는 기회를 얻게 되어 행복했고, 그 삶이 선생님들의 삶이라 영광이었습니다. 선생님들, 매일, 또 매일 잘 지내세요.

백지은

한 사람의 인생을 한 편으로 담아내는 건 참 어려운 일이었습니다. 너무 오래되어 희미한 기억부터 어젯밤

글쓰기 멘토 후기

꿈처럼 생생한 기억까지. 선생님의 역사를 담은 이야기에 조금의 흠도 남기지 않기 위해 마음을 다해 글을 들여다보았습니다. 매주 한 번 a4 용지에 빼곡히 적어온 선생님의 이야기를 읽다 보면 애틋해지고 마음이 쓰였습니다. 부디 이 마음이 글을 읽는 여러분에게도 닿기를 바랍니다.

김정원

저는 다가올 일보다 지나간 일에 에너지를 더 사용하는 사람입니다. 그런데 선생님들의 삶을 듣고 읽으면서 여느 때보다 다가올 일에 대해 더 많이 생각하며 이번 여름을 보냈던 것 같아요. 자서전을 쓰는 것이 삶을 되돌아보는 것뿐만 아니라 그곳에 맺힌 온갖 감정들도 함께 느껴야 하는 것일 텐데 그 과정을 잘 마무리하신 선생님들께 격려와 감사의 박수를 보내고 싶습니다. 이번 가을엔 책으로 묶인 글을 읽으며 선생님들의 다가올 시간을 짐작하고 응원하겠습니다. 기억이 온전할 수 없듯 활자가 된 기억도 완전할 수 없겠지만 선생님들께서 기억을 마주하기 위해 내셨던 용기를 오래 기억하셨으면 좋겠습니다.

글쓰기 멘토 후기

김형호

이번 여름 선생님들을 만나 뵈었습니다. 나긋한 목소리와 온화한 표정에 큰 탈 없이 살아오신 줄 알았습니다. 하지만 선생님들의 이야기 속에는 많은 삶의 노고가 보였습니다. 기억하고 싶지 않은 아픈 경험, 행복했던 소중한 추억. 선생님들의 시대를 살아오지는 않았지만, 그 이야기는 저를 공감시켰고 마음 한 켠을 뭉클하게 만들었습니다. 그리고 선생님들이 살아오신 길처럼 저도 저만의 길을 열심히 만들어 가야겠다고 느꼈습니다. 선생님들께 도움이 되고 싶어 참여하였지만, 오히려 제가 더 많이 배우고 가게 되었습니다. 선생님들의 삶에 깊이 감동하고 또 앞으로의 삶에 행복만 가득하시길 바랍니다. 좋은 경험을 함께할 수 있게 되어 영광이었습니다.

이하루

시간이라는 폭풍 한가운데 서서 작은 답들을 찾는 시간이었습니다. 사랑으로 주저앉고 고통으로도 내달리는 인간을 보았습니다. 이 이야기들이 글쓴이의 곁에서 어깨를 두드리고 등을 쓸어주는 '사람' 같은 존재가 되기를 바랍니다.

오혜원

　2023년의 여름을 선생님들과 함께 보낼 수 있어서 영광이었습니다. 처음에는 잘 끝낼 수 있을지 걱정이 많았는데, 선생님들께서 열심히 참여해주신 덕분에 마무리까지 힘을 낼 수 있었어요. 대화를 나누고 글을 읽으며, 한 번도 생각하거나 고민해 보지 않은 이야기들을 접할 수 있어 여러모로 많이 배우기도 했습니다. 연락드리면 늘 고맙다고 말씀해주시던 목소리가 기억에 오래 남을 것 같아요. 소중한 이야기를 들려주셔서 감사했습니다. 아프지 마시고, 자녀분들과 같이 항상 행복한 시간 보내셨으면 좋겠습니다.

김소은

　아직 겪지 않은 시간을 가까이서 자세하게 듣는 건 쉽게 할 수 없는 경험이라고 생각합니다. 저와 함께 다사다난했던 삶을 회고하신 선생님들께서 자서전 쓰기를 통해 지난날의 상처를 치유받고 여생을 희망차게 꾸려가실 힘을 조금이나마 얻으셨기를 바랍니다.

박진영

　올해 여름에는 증심사에서 열렸던 동구 인문축제에

글쓰기 멘토 후기

다녀왔습니다. 일요일 낮에, 18년도부터 23년도까지 생애출판에 참여했던 선생님들이 모이는 행사였습니다. 저는 어색하게 그 자리에 앉아 주변을 둘러보았습니다. 그러자 금세 주변에 계신 선생님들의 이름을 마음속에서 불러올 수 있었습니다. 19년도부터 올해까지 이 일에 참여하면서 정말 많은 이름을 마음속에 담았습니다. 그 이름들에 담긴 이야기 안에서 많은 순간을, 또 많은 감정을 함께할 수 있었습니다. 힘겹기도 하고 그립기도 한 많은 순간들을 보내고 지금에 도달한 많은 이름에는 하나하나 빛이 나는 듯했습니다. 이름을 부를 때마다 그 이름에 담긴 이야기들과 순간들이 제게 찾아오곤 했습니다. 그 이야기에서 저는 매년 늘 살아갈 용기를 얻었습니다. 들려주신 모든 이야기에 감사드립니다. 선생님들의 역사와 함께 용감히 살아가 보겠습니다.

흐르는 강물에 은빛 되어 춤을 추고

초판1쇄 찍은 날	2023년 11월 3일
초판1쇄 펴낸 날	2023년 11월 8일
펴낸곳	광주광역시 동구
기획·집필 총괄	광주광역시 동구 인문도시정책과
주소	61466 광주광역시 동구 서남로 1
전화	062-608-2174
글·사진	홍순자, 박빛나리, 손현자, 최현식, 이순만, 강춘남, 정인규, 양해철, 정해자
글쓰기 도움	양경언(총괄, 조선대 문예창작학과 교수)
	박진영·구시언·김보경·김소은·김영일·김정원·김형호·류여진·류혜민·백지은·양수경·오민주·오혜원·이민주·이하루
삽화	황중환(제작총괄, 조선대 만화애니메이션학과 교수)
	윤석호·김예솔·주연수·정배영·송은별·노성인·전수빈·홍민석(조선대 만화애니메이션 학과)
표지일러스트	하시은(조선대 만화애니메이션학과)
프로필사진	서경스튜디오(류서림)
만든곳	도서출판 심미안
주소	61489 광주광역시 동구 천변우로 487(학동) 2층
전화	062-651-6968
ISBN	978-89-6381-431-5 04810
	978-89-6381-429-2 (세트)

- 책값은 뒤표지에 있습니다.
- 이 책에 실린 글과 이미지는 저자와 출판사의 동의 없이 사용할 수 없습니다.
- 이 책은 광주광역시 동구에서 살고 계시는 할아버지 할머니들의 인생 이야기를 묶은 것입니다. 우리 동네 대학생 친구들의 많은 도움을 받아 할아버지 할머니의 자서전을 편찬하게 되었습니다.

ⓒ 홍순자 박재광 손현자 최현식 이순만 강춘남 정인규 양해철 정해자, 2023